半藤一利
語りつくした戦争と平和

保阪正康［監修］

東京新聞

半藤一利　語りつくした戦争と平和

開戦80年、いま刻みたい言葉

半藤一利さんの豪快な笑い声に初めて接したのは戦後六十年を迎える二〇〇五年の夏でした。小泉純一郎首相が終戦記念日に靖国神社を参拝するかどうかが注目されていた時期です。当時、半藤さんは七十五歳。「歴史探偵」として脂が乗り切っていました。「最近、お前は岩波・朝日文化人か、と言われるんですよ」。保守系といわれた文藝春秋社で専務を務め、作家となった半藤さんが今や、「左翼」と批判されると苦笑していました。半藤さん自身は何も変わっていないのに、時代の渦がその立ち位置を巻き込んでいたのでしょう。

「日露戦争の誇りだけを背負って、実際の戦闘を知らない軍人たちがでかい声を出していた満州事変のころと、今は非常によく似ています」と強く危惧していました。また、靖国神社に合祀されたA級戦犯の中で、昭和天皇が一番嫌悪していたのは日独伊の三国同盟を進めた外相の松岡洋右《ようすけ》とイタリア大使を務めた白鳥敏夫ではないか、と推測していたことも印象に残っています。この翌年に公表された富田朝彦《ともひこ》元宮内庁長官の「富田メモ」で、推測の正しさが裏付けられました。

その後、戦争体験者が減っていくのと歩調を合わせるように、特定秘密保護法や安全保障関連法（安保法）を成立させるなど、政権は「戦争ができる国」へと国柄を性急に変えようとしていました。当時、私は社会部長でしたが、今こそ昭和史から教訓を学び、政治の暴走を防がなくてはという思いを強くし、企画したのが半藤さんと盟友であるノンフィクション作家の保阪正康さんの対談でした。保阪さんと二人で天皇、皇后両陛下（現在の上皇ご夫妻）に呼ばれて話をした会話をはじめ、紙面化できない秘話も多く、おおらかに笑う半藤さんの声が今も耳に残っています。

半藤さんは作家の司馬遼太郎氏とも深い親交がありました。小説「坂の上の雲」の影響からか、「明るい明治、暗い昭和」というイメージを持つ人が多いように私は感じていました。「明治一五〇年」をテーマにした半藤×保阪対談では、この点を尋ねてみました。半藤さんは日露戦争後に公表されたのは、日本人がいかに一生懸命戦ったか、世界の強国である帝政ロシアをいかに倒したか、という「物語」「神話」としての戦史だった、と指摘。海軍大学校、陸軍大学校の生徒にすら、本当のことを教えていなかったと説明してくれました。

「海軍の正しい戦史は全百冊。三部つくられ、二部は海軍に残し、一部が皇室に献上されました。海軍はその二部を太平洋戦争の敗戦時に焼却しちゃったんですね。司馬さんが『坂の上の雲』を書いた当時は、物語の海戦史しかなく、司馬さんはそれを資料として使うしかなかった。ところが、昭和天皇が亡くなる直前、皇室に献上されていた正しい戦史は国民に見てもらった方がいいと、宮内庁から防衛庁（現防衛省）に下賜されたんです。私はすぐ飛んでいって見せてもらいました。全然違うことが書いてある。日本海海戦で東郷平八郎がロシアのバルチック艦隊を迎え撃つときに右手を挙げたとか、微動だにしなかったとか、秋山真之《さねゆき》の作戦通りにバルチック艦隊が来たというのは大うそでした。あやうく大失敗するところだった」

陸軍も同じだったと半藤さんは続けます。

「日露戦争は国民を徴兵し、重税を課し、これ以上戦えないという厳しい状況下で、米国のルーズベルト大統領の仲介で、なんとか講和に結び付けたのが実情でした。それなのに『大勝利』『大勝利』と大宣伝してしまった」

日露戦争後に、勲章や爵位をもらったのは陸軍六十二人、海軍三十八人、官僚三十数人。こんな論功行賞をやりながら国民には真実を伝えず、リアリズムに欠ける国家にしてしまったことを厳しく批判していました。

今回、半藤さんが、保阪さんをはじめ、作家の田口ランディさん、日本近現代史に詳しい学者の古川隆久さん、国文学者の中西進さんと、東京新聞と中日新聞の紙上で行った対談をまとめました。そして今夏、保阪さんが「あの戦争から何を学ぶのか~半藤一利さんの遺言」と題して東京新聞で行った講演を序章に据えました。詳しくはその序章を参照してもらいたいのですが、半藤さんは、昭和史から学ぶべき五つの教訓を挙げています。最初に挙げた教訓を紹介します。

〈国民的熱狂をつくってはいけない。そのためにも言論の自由・出版の自由こそが生命である〉

戦時中、新聞は軍部のプロパガンダ機関に堕し、進んで国民の熱狂を煽《あお》りました。日本が二度と戦争を起こさない国であり続けるために、メディアにかかわる私たちは、昭和史から教訓を学ぶ努力を続けなくてはならない。それが半藤さんの願いにお応えすることだと思うのです。

二〇二一年十二月八日は日米開戦から八十年の節目です。当時二十歳の人は百歳です。戦争の悲惨さ、愚かさを肌で知っている世代がいなくなった今、半藤さんの「遺言」を多くの人に読んでもらいたいと願います。

二〇二一年十月

東京新聞（中日新聞東京本社）元社会部長　瀬口晴義

目次

※本書は、東京新聞・中日新聞に掲載した半藤一利氏の対談特集記事を再編集し、収録しました。本文中の肩書きや年齢などは、新聞掲載当時のものです。

あの戦争から何を学ぶのか

～半藤一利さんの遺言

保阪正康

二〇二一年八月十二日講演より

大事なことはすべて昭和史に書いてある

私は半藤さんと共に昭和史を検証する、特に足を使って実証的に検証する仕事を進めてきたんですね。半藤さんは私よりも十歳ほど年上で、いろんなことを教えてもらいましたが、共通する体験の中で印象深いのは、平成の天皇、今の上皇さまにお呼ばれされた形で二人で伺い、昭和史の話をしたことです。

それは「ご進講」というような堅苦しい話ではなくて、私と半藤さんと上皇ご夫妻と四人で「昭和という時代はどういう時代だったのか」を、自由にディスカッションしたんです。

半藤さんはご自身の体験を含めて、庶民の気持ちを東京・下町の飾らない言葉で語り、その時の半藤さんの熱情のこもった口ぶりは、いまだに私の耳に残っています。

上皇さまと上皇后さまはうなずいておりましたけれども、そのお二人の姿に私たちと同じ、「二度と戦争を繰り返していけないんだ」というお気持ちを感じ取りました。

そして、半藤さんとも「やはり平成の天皇、皇后両陛下が各地を回って慰霊の旅を続けてこられたのも、結局はこういう気持ちだったんだな」と確認し合いました。

「大事なことはすべて昭和史に書いてある」。半藤さんはそう言って、次の五つの教訓を挙げていました。

一　国民的熱狂をつくってはいけない。そのためにも言論の自由・出版の自由こそが生命である。

二　最大の危機において日本人は抽象的な観念論を好む。それを警戒せよ。すなわちリアリズムに徹せよ。

三　日本型タコツボにおけるエリート小集団主義（例・旧日本陸軍参謀本部作戦課）の弊害を常に心せよ。

四　国際的常識の欠如に絶えず気を配るべし。

五　すぐに成果を求める短兵急な発想をやめよ。ロングレンジのものの見方を心がけよ。

半藤さんは、この五つは「重要な教訓だ」、そしてその前に「昭和史と向き合う姿勢がある」と、よく言っていました。その姿勢とは「昭和史の中にあらゆる問題の答えが入っている。だから昭和史を見ていくと、歴史上の疑問と答えはそこに全部入っている」ということです。

もう一つ、「真理は細部に宿る」とも言っていました。

真理は小さな出来事の中に潜んでいる。大きな事件、大きな出来事を論じることも重要です。しかし私たちの日常の中に、昭和史の小さな事件、小さな出来事の中に、実は真理が潜んでいるんだ、と。

私は、そのことを半藤さんが歴史に向き合うときの姿勢として受け止めて、私自身も心しているわけですけども、ここに挙げた「五つの教訓」というのは全てやはり、半藤さんの全身から発せられている、実際に人の話を聞き、自らが体験してきたなかで獲得したものなんですね。この教訓を支えるために半藤さんは「庶民の側に立つ」「優しい言葉で歴史を語る」、そして「決して使わない言葉をきちんと整理する」という三つを心がけていたように思います。

「絶対に」とか「完全に」とか、いわゆる軍国主義の時代に最も使われた慣用句を平和な時代には使わない、その言葉を使うことによって自分たちのものの考え方を狭めていくんだ、と。半藤さんの書いたものを読むと、半藤さんは「絶対に」っていう言葉は使っていませんね。いや、あえて一つだけ使っていますね。「絶対に戦争してはいけないんだ」と。このときは「絶対に」を使うんだよ、と、本人もおっしゃっていましたね。

私たちは、戦前の軍国主義教育が「絶対に」とか「完全に」とか、一切の比較対照を許さない言葉を使って形作られていったことを忘れてはいけない。半藤さんの教えはその点にあるという感じがします。

ターニングポイントは二・二六事件

私には、昭和史の総括を十分に行っていないから、同じ過ちを繰り返すのではないかという危惧があります。例えば終戦の八月十五日に戦争に関する資料を焼却処分するよう自治体の末端まで指示を出し、戦犯になりたくないというわが身の安泰のために燃やしてしまった無責任体系。なぜああいう無謀な戦争を始めたのか。責任は誰にあるのか、はっきりさせていない。検証していくのは難しい。

そして戦争に向かっていく歴史を振り返ると、まず満州事変※が昭和六（一九三一）年にあり、五・一五事件※が昭和七年。国際連盟脱退が昭和八年でした。軍が暴走していき、また国際ルールを無視した傍若無人ぶりに国民も快哉を叫ぶ。

また新聞もそれを煽《あお》っていた。そういう時代の中で一番大きなターニングポイントになったのが、昭和十一年、二・二六事件※です。

私たちは、昭和史をきちんと反省し、分析した上で、何が問題だったのか、どこにどういう問題があったのかを整理していかなきゃいけない。思想や政治の問題じゃない。歴史的な史実をきちんと見ていくという当たり前のことを続けると、問題がわかるんですね。

結局、昭和史のターニングポイントはやはり、二・二六事件にあると私は思いました。陸軍の青年将校を中心とした千五百人の兵士たちが立ち上がったこのクーデター未遂事件によって、日本は大きく変わってしまいます。

どういうところが変わったのか。一つには、暴力が政治を支配することになった。軍事暴力が、政治の世界で正論……言うべき正しいいろいろな議論を全部押さえつけた。言論を封じ込める暴力が前面に出てきた。

二つ目は、軍がこのクーデターを利用し、軍部大臣現役武官制を復活しました。陸軍と海軍の大臣（軍部大臣）は現役の大将か中将でなければいけない。予備役や文官ではいけないと。もともとこの制度は明治時代に法制化され、軍部の影響力拡大に利用されました。例えば内閣に不満を抱いた軍が大臣を辞職させて後任を推薦しなければ、内閣が成り立たなくなる。内閣を自由に潰せる生殺与奪の力を持った。一方、大正時代に軍部への批判が高まる中、制度が改正され、予備役らも大臣になることが認められました。ところが、二・二六事件を機に以前の制度に戻されたのです。

三つ目は、二・二六事件の後、広田弘毅《こうき》内閣は新しい閣僚名簿を作るんですが、その時に自由主義者を一切閣僚として認めない。吉田茂が大臣に任じられるのが拒否され、軍の言い分にうなずく人だけを閣僚に含める。さらに、軍の指導者たちはこういう事態が起こらないように軍事予算をもっと増やさなきゃいけないという本末転倒した言い方もします。

青年将校のクーデターを利用して軍事予算を拡大していく形の手法で軍事が政治の世界に入ってくるんですね。

いわゆる二・二六事件というのは青年将校と兵士たちが起こしたクーデター未遂事件ですけれども、こういう事件を利用して軍事指導者たちは自分たちの軍の権限を拡大し、軍事が政治の中心に座るように利用していったといえます。ここに日本の基本的な誤りがあったんじゃないかと思いますね。

※満州事変…一九三一年に日本の関東軍が南満州鉄道の爆破事件を自作自演し、中国東北部への軍事侵攻に踏み切った。翌三二年には軍事力を背景に傀儡《かいらい》国家の「満州国」をつくり上げた。国策として二十七万人の日本人が移住。敗戦時のソ連軍侵攻の混乱の中、逃避行中の八万人が死亡した。残された幼児は残留孤児となった。

※五・一五事件…一九三二年五月十五日、海軍の青年将校らがクーデターを起こし、首相官邸に乱入して犬養毅首相を射殺し、日本銀行や警視庁を襲撃した。これを機に軍部の発言権が強まり、海軍出身の斎藤実《まこと》首相の下、軍部と政党、官僚による挙国一致内閣が成立。政党が内閣をつくる政党政治は崩壊した。

※二・二六事件…陸軍の青年将校が決起、政府要人を暗殺したクーデター未遂事件。一九三六年二月二十六日未明、陸軍の青年将校らは、約千五百名で首相官邸、警視庁、内務大臣官邸、陸軍省などを占拠し、高橋是清《これきよ》蔵相、斎藤実内大臣（元首相、退役海軍大将）、渡辺錠太郎・陸軍教育総監らを殺害した。

受け継がれなかった天皇の意思

昭和史を考えるときに、昭和天皇の位置、それから昭和天皇のお考え、昭和天皇の言動そのものをどう捉えるかは重要な問題です。戦争への責任があるかないかで論じるのではなくて、一般的に見ていけば昭和天皇は大日本帝国憲法の主権者ですね。統治権、統帥権※の総攬《そうらん》者です。どちらも天皇の名においてこの国は動くことになってます。昭和天皇が、二・二六事件に対してどういう態度をとったかというと、激高します。「青年将校たちは私の側近を君側《くんそく》の奸《かん》と言って殺害した。彼らは君側の奸ではない。股肱《ここう》の臣《しん》だ。最も私が信頼している臣下の者だ」と。それなのに、君側の奸と称して殺害する。真綿で首を絞めるような、そういうようなことをやる。しかも兵士を勝手に動かす。軍の大権を侵している。昭和天皇は二・二六事件が起こってから鎮圧されるまで四日間、態度が一回も揺れていません。一貫しています。断固討伐。そして青年将校のそういった横暴を許さないことに強い意思を示します。問題はそこなんです。そういう天皇の意思がどうして軍事や政治の指導者たちに受け継がれなかったのか。なぜそれがきちんと政治や軍事の場で行われなかったのか。

昭和天皇は、自分が前面に出て差配する天皇親政という立場ではない。当時は天皇が臣下の者に了解を与える形の政治システムです。しかし昭和天皇の思いを、政治軍事指導者たちは一顧だにしなかった。ここのところですね。天皇はもう少し強く出てもよかったと思えるかもしれませんが、当時の憲法の枠内で昭和天皇は最大限に努力したことは認める必要があります。

戦後に出された「昭和天皇独白録」では、天皇はその二・二六事件で自ら動いて抑え鎮圧した、それによってその後あまりしゃべらない、沈黙する天皇になったと解説などでも書かれています。

昭和天皇は、実際問題として統治権、統師権を持っています。それで、太平洋戦争のときにも、天皇は現実には開戦に初めは反対していますが、東条英機《ひでき》※内閣のもとで戦争に傾いていく政策を、結果的に了解していく形になりますね。

「もし、そのとき私が反対していたならば、国内は必ず大内乱となって私自身もテロリズムの対象になったであろう、今次の戦争の数倍になる悲惨事になったであろう」と昭和天皇はお考えだったと、戦後明らかになっています。もし私の考え方をそのまま実行して、戦争を避け、軍事行動を前面に出す道を避けることをしたら、軍人は黙ってないだろうと。私を暗殺するかもしれない。それだけではなく国内でもっと内乱状態になるだろう。戦争に賛成するグループと反対するグループの間で内乱状態になるだろう……と、戦後に漏らしているわけですね。

この理解がその通りになったかどうかはもちろん、仮説ですからわかりません。しかし、昭和天皇自身がそういう不安や恐怖を持ったのが当時の日本の情勢だったということを考えれば、主権者である天皇でさえも軍事勢力に対して、やはり「おびえ」のような感情を持っていたといえるんじゃないかと思いますね。

軍事がこの国の一切を支配し、天皇のお気持ちさえも支配しようという気構えでいたことを天皇自身が認めていると、私は昭和天皇独白録を読んで解釈するんですね。

※東条英機…一八八四〜一九四八年。四一年、陸相のまま首相に就任し、対米開戦を決定した。四四年のサイパン陥落を機に辞職した。戦後、極東国際軍事裁判（東京裁判）でA級戦犯として起訴され、有罪判決を受けて死刑となった。

※統帥権…軍を指揮命令する「軍令」にかかわる権限。軍の編成と維持管理を行う「軍政」と区別される。旧軍部は大元帥である天皇の直接指揮下にあった。一九三〇年のロンドン海軍軍縮条約締結問題など、統帥権を主張する軍部が政府方針に背く事態が相次いだ。

太平洋戦争の五つの段階

天皇の内心とは違ってどんどん戦争への道が進んでいき、そして太平洋戦争が始まります。

二・二六事件の翌年、昭和十二（一九三七）年に、日中戦争が始まります。盧溝橋《ろこうきょう》事件から始まった日中戦争はそのまま三年、四年と続いて、いわゆる泥沼化していくわけですね。

この泥沼化は、結局、日本が中国に勝てないのはアメリカやイギリスが中国を支援しているからだということで、やがてアメリカ、イギリスと対立状況になっていく。そして昭和十六年十二月にアメリカ、イギリスなどと戦争状態に入る。いわゆる太平洋戦争に入るんですね。こういった歴史の流れがあるんですが、太平洋戦争は昭和十六年十二月八日から二十年八月十五日まで三年八カ月続きます。この戦争とはどういう戦争だったかを、私たちは具体的に考える必要がある。

これは私の分析なんですが、日本軍のマレー半島上陸とハワイ真珠湾攻撃から始まったこの太平洋戦争の三年八カ月には流れがあって、勝利という期間があり、挫折していき、やがて崩壊し敗退して、解体と同然の状態になる。そして降伏する。

五つの段階に分けて説明すると、最初が「勝利」。マレー半島上陸と真珠湾攻撃がありました。やがて、一年経たないうちに「挫折」が訪れる。ミッドウェー海戦、山本五十六※連合艦隊司令長官の戦死。その後サイパン陥落までが「崩壊」。そしてレイテ島沖海戦、あるいは無謀な特攻作戦、また沖縄戦、日本各地への空襲で「敗退」が決定づけられて、最後に広島、長崎への原爆投下、またソ連の侵攻が決定的になって「降伏」に至る。

最初は非常に勝っていた。それが泥沼に入っていく。そのきっかけになったのはミッドウェー海戦でありガダルカナルからの攻防戦でした。真珠湾攻撃も戦術としては成功だった。しかし、日本軍というのは戦術があっても戦略がない。そういう致命的欠点を抱えていた。

こういった三年八カ月の戦争の中で、浮き彫りになる重要な戦争の形があります。一つには、状況を、常に自分たちに都合のいいように解釈する。主観的な願望を客観的事実にすり替えていくという形の戦争をする。もう一つはですね、戦争の終結点、どういう形が終結なのか、プログラムの目途が全く立たない。そして、ただひたすら目の前の敵と戦うという形の戦争を続けていきます。

初めは日本軍の進撃も好調なんですが、やがて国力の差が出て日本はアメリカ、イギリスに圧倒的に押されています。

こういった戦争に入っていくときのプロセス……日本の状況ではアメリカと戦争するなんてとんでもないと誰もが初めは言っていながら、結果的にアメリカ、イギリスと戦争する。そこを見ていくと、どういうことがわかるか。

全ての状況に、甘い判断をする。主観的願望を客観的事実にすり替えていく。それから誰が最初に言って、どういう形で戦争の方向へ引っ張ってったのかもあいまい。国全体が必然的にそういう方向へ流れていく。つまり雰囲気とか同調する空気で「戦争状態」がつくられる。

戦争はある意味で、物理的な彼我の関係によって予測はつくんですね。例えばアメリカと比較したら、戦力比はあらゆる意味で日本の方が劣っている。場合によっては10対1ぐらいの差で劣っているにも関わらず、戦争する。というのは、10対1だけれども、「戦場は太平洋でアメリカは弱いんだ」「日本軍は逆に強いんだ」といった願望を載せていく。そうすると、3対1、4対1になってくるんですね。そうしたかなり無責任な「日本は勝つチャンスがある」といった願望を主体にした数字で戦争を始めている。ここがやっぱり問題だと思いますね。しかも、一つのプログラムや戦略があって始めている戦争であれば、「こうなったら和平にしよう」「降伏しなきゃ日本はもう終わりだ」と、選択肢が絞られてきていろんな可能性が出てきますね。ところがそうしたものはないから、「勝つ」という選択肢以外は認めない。

「勝つ」という選択肢以外認めないで戦うとどうなるか。とにかく国の全てを戦力化して、アメリカと大きな開きがあるにも関わらず、ぶつかって戦う。しかし、結局は勝てない。それを誰もが「もうやめよう」「もう戦争をするような状況じゃない」「ここまで行ったら国が滅びる」と言わない、言えない。もし言ったらすぐ逮捕される。裁判にかけられて重罪になる。その流れに逆らって、「私たちの国は本当にそういう戦争を続ける状態にあるのか？」と冷静な議論もできない、しようともしない。こういう風土は大きな欠陥です。

※ミッドウェー海戦…一九四二年六月、中部太平洋のミッドウェー島沖で行われた日米の大規模海戦。米軍は日本軍の暗号を解読して日本艦隊を迎撃。日本は主力空母四隻、航空機約三百機を失うなど大敗した。海軍はミッドウェーの敗戦を天皇にも陸軍にも正確に伝えなかった。

※山本五十六…一八八四～一九四三年。駐米武官などを経て、海軍航空本部長として航空戦力の充実に尽力した。海軍次官として親英米派の米内海相を補佐し、日独伊三国同盟に反対した。対米開戦にも反対をしたが、連合艦隊司令長官に転出した後は自ら望まぬ対米戦争を指揮することになり、真珠湾への先制攻撃を立案した。前線視察中に搭乗機が、待ち伏せしていた米機に撃墜され戦死。

「事業化」された戦争

この欠陥は、私たちの国の基本的な欠陥なんだろうか。私は違うと思いますね。この国の欠陥は、この三年八カ月の戦争の中に全部集約されたんですが、私たちの国はそれほど愚かでそれほど無知ではないと思う。何しろ江戸時代二百七十年にただの一回も対外戦争をしたことがない国ですから、独自の軍事学、戦時哲学を持っている。そういうものが全く顧みられることなく、近代日本に入って日清戦争※以来ほぼ十年おきに戦争していく。戦争することによって利益が上がる、国益が拡大していく。

勝って、賠償金を取るからです。戦争を一つの国家的な事業にしてしまった。だから負けることはその国家的事業を全部失うということになりますね。半藤さんが、「昭和っていう歴史の中には問題も答えも全部入ってる」って言ったのはそこなんですね。私たちの国は戦争を事業にしてしまったんです。

戦争は事業じゃありません。政治的な決着がつかないときの最終手段です。にもかかわらず、日本は十年おきに戦争し、それを事業にすることによって利益を上げていく。だから戦争は勝つまでやるというような軍人の哲学が生まれるんですね。半藤さんが、答えは昭和史の中にあるっていうのはそういうことだと私は解釈しています。

では日清戦争、日露戦争※はどう捉えるか。

私たちは鎖国を解いて西欧列強の中に入っていきました。帝国主義の時代です。軍事で弱い国は徹底的に他国の植民地にされる、あるいは資源を収奪される、政治的な圧力を受ける。そのような形の選択をしないでおこう、そうすべきではないと、西欧の列強の道を歩む。軍事的な大国になってその道を歩むということで、日清戦争、日露戦争と、軍事的な力をつけて私達の周辺の国を制圧していきますね。

この制圧していく戦争がどういう意味を持つかは、いろんな解釈があります。日本としては仕方がなかった戦争である、あるいは帝国主義的な戦争であるなど、いろんな解釈があるでしょう。しかし、私の解釈では、日本はその前の江戸時代に、戦争をしない形で各藩が軍事学を持っていた。そういった軍事学を基に、新しい日本という国の国家的な軍事学を作るべきだったんです。

西洋の帝国主義とは必ずしも一体化してない独自の軍事学を作ることによって、私たちの国は西欧の帝国主義とは違う道を行ったかもしれない。しかし結局は、西洋の帝国主義的な道を歩む。そのかわり西欧帝国主義の餌食にならないという形の国策を選び、その通りになります。しかし、最終的には太平洋戦争でそれを全部解体するわけですね。

ですから私達は、具体的な政策のあり方と同時に、長いレンジで日本という国の軍事学はどうできて、どう崩れたのか、考えた上で近代の戦争も考えるべきだろうと思いますね。

※日清戦争…一八九四〜九五年に日本と清国が朝鮮半島の支配をめぐって争った戦争。九四年七月、ソウルに近い豊島《ほうとう》沖で開戦。日本の連合艦隊は黄海海戦で清国艦隊に大勝するなどし、九五年四月に講和条約が締結された。日本は巨額の賠償金を受け取り、朝鮮独立を認めさせて台湾や澎湖《ほうこ》諸島を領土にした。

※日露戦争…一九〇四〜〇五年に日本とロシアが朝鮮、満州（現中国東北部）の支配をめぐって争った戦争。ロシアに宣戦布告した日本は奉天会戦や日本海海戦など大規模な戦闘に勝利したが、戦力は大きく消耗。一方のロシアは国内での革命勃発もあって戦争終結を望み、米国の仲介で講和条約が結ばれた。

「国力の差」に目を背けたミッドウェー海戦

話を太平洋戦争に戻しますと、ミッドウェー海戦では虎の子の空母四隻を失っただけじゃなくて熟練のパイロットを多く失ってしまった。これは一つ、大きな転機だったと思います。私は以前、ミッドウェー海戦で講和する可能性もあったんじゃないかと本に書いています。このミッドウェー海戦の位置づけをどう考えるか。

私たちの国は、中国との戦争が長引くのは結局、英米が支援してるからだといって英米に戦端を開いて真珠湾奇襲攻撃やって最初はもう勝ちまくりますね。東南アジアの国々へ侵入、進出していって制圧地域をかなり拡大します。そのときにはまだアメリカもイギリスも十分対抗措置を考えてなくて、軍事的に大きな枠組みをまったく作っていなかった。

日本が真珠湾奇襲攻撃をすることによって、アメリカ、イギリスをはじめとする連合国は、徐々に反撃をしてきます。昭和十七（一九四二）年の六月、七月から反撃が始まってくるわけです。それがミッドウェー海戦であり、ガダルカナル攻防戦ですね。こういった二つの海戦と地上戦で、私たちの国はアメリカの底力といいますか、国力の差が歴然と違うことを見せつけられるんですが、もちろん当時の人たちはそんなこと考えません。日本の詳しい状況を軍は隠しますから国民は知らなかった。

しかし、ミッドウェー海戦などでは大型の空母四隻を失う。アメリカの太平洋艦隊が本格的に日本の連合艦隊に勝負を挑んで、日本の連合艦隊に相当被害が出てくる。ガダルカナルというのは、ガダルカナルに持っている日本軍の基地をアメリカに奪われて、やがて日本が奪還するために次々と兵をつぎ込むという形の戦いですが、こういう二つの戦いを見ていると、共通しているのは、アメリカや、アメリカを中心とする連合国の国力をきちんと分析していないことですね。全部自分たちに都合のいい分析をしている。

ガダルカナルに上陸してきたアメリカ兵は「偵察部隊だろう」という程度の考えで日本もわずかな部隊を送っていく。ところが、そうではない。アメリカは一万以上の部隊を上陸させて飛行場を奪ったわけですね。日本は次々と兵隊をつぎ込んでいくが、次々と犠牲になっていく。戦争の犠牲の始まりは、このガダルカナルですね。上陸した部隊は、まったく飢えた島「餓島《がとう》」と言われるぐらいに補給も続かずに兵士たちは病死、餓死していく。

連合艦隊のミッドウェー海戦も予想外の敗戦という形で、日本はアメリカの海軍の力に本格的にぶつかったときにはやはりかなわない現実も示されます。こういった現実をどのように見るか。私たちの国が戦争をどういう方向でどう収めるのかを考えるのは、政治や軍事指導者の責任ですが、現実をきちんと見る動きをしていたか。全くしていませんね。とにかく「戦争だ戦争だ、勝つまでやるんだ」ということです。どこが終わりか全く決めていない。そしてただひたすら戦力をぶつけ、逆に言えば軍事が無責任に戦闘だけを繰り返すような戦争をしたことについて、私たちはやはりこの国の大きな反省点として、事実を分析する必要があります。

このようにしたから勝った、負けたっていう問題じゃないんですね。本質的に、きちんと日本は戦略を練っていたのか。戦略を練りもしないでただひたすら、アメリカと戦闘だけ続けていたんじゃないかと確認していくと、何か、私たちの国は戦争というものについての考え方に基本的な錯誤があったんじゃないかと思いますね。

※ガダルカナル攻防戦…一九四二年七月〜四三年二月、連合国の反攻拠点である豪州と米国の分断作戦の一環として南太平洋のガダルカナル島に飛行場を建設。激しい消耗戦により、日本側は戦死者だけでなく多数の餓死者を発生させたうえ、軍艦、航空機、燃料、武器等多くを失い国力を大きく消耗させた。死者・行方不明者二万人。このうち餓死、マラリアによる戦病死が四分の三を占めた。大本営発表は「撤退」を「転身」に言い換えた。

戦略なき戦いの末の「十死零生」

戦略なき戦いを続けていく中であった悲劇が特攻作戦です。私は『「特攻」と日本人』という本を書いています。日本人として特攻作戦をどう捉えればいいのか。

もう一度半藤さんの言葉に返れば、「昭和史には色々な問題がある、その代わり答えも全部ある」。その一つに、半藤さんは特攻の問題を挙げていたと思いますね。

特攻というのは「特別攻撃隊」。人間が武器になって、人間が弾薬になって、アメリカの艦船にぶつかっていくことです。戦力が全く枯渇して、日本はもう戦力がないと。そうすると最後はどうするか。人ですね。人が飛行機に乗って、飛行機ごと爆弾を抱えてアメリカ軍の航空母艦にぶつかっていく。昭和十九（一九四四）年の十月から、こういった特攻、特別攻撃隊の戦術が始まります。

学徒兵出身のパイロットが飛んでいってアメリカの艦船を見つけてぶつかっていく。最終的には特別攻撃で陸軍と海軍で三千九百人余の若い青年たちが「武器・弾薬」となって、飛行機に乗ってぶつかっていって亡くなるわけですね。この特攻をどう考えるか。

第二次世界大戦のあった二十世紀には戦争にもルールがあるという時代に入っているんですね。捕虜もきちんと扱うことを含めて戦争のルールがある。

そのルールでは、例えばアメリカにしてもイギリスにしてもどの国も「一〇〇％死しかない」という戦術戦略はとらない。それはやはり司令官指揮官の無能のゆえである、ときちんと確立しています。

「一〇〇％必ず死ぬんだ」という戦術は局部的にはありますけど、政策として、戦術として取り入れた国はない。日本だけということになります。

私はこの特攻について詳しく調べて「十死零生の思想」と言っています。一〇〇％死ぬんです。そして助かる見込みが一つもないんです。パイロットが爆弾で、飛行機に爆弾を積んでそのままアメリカの艦船にぶつかっていくわけですから、彼らに「生」はあり得ない。死ぬということですね。

そういう戦術をとるということは、日本はアメリカやイギリスと比較して全くレベルが低い国力しかなかったから仕方がないということになるでしょうけど、戦争の中でこういった戦術を選択した軍事指導者たちの責任は重い。その責任は歴史的に問われなきゃいけないと思います。

三千九百人余の特攻隊員たちが、どういう思いで死んでいったかは、いろいろな手記や、彼らが語った言葉で知ることができます。私はそういう言葉、手記を数多く調べ、そして特攻隊の遺族の人たちとも会って話を聞き、そういう資料を整理したこともあります。

誰一人として「喜んで死んでいく」とは書いていませんね。もちろん表向きは「お国のために死ぬのは仕方ない」と書いていますけれども、「死にたくて死ぬのじゃない」と、みんな書いていますね。

ある慶應義塾大学の現役の学生は、「私は自由主義者として生きているけれど、この戦争は枢軸《すうじく》体制が負ける方向に行っています。私にとってそれは喜ばしいんです。しかし私は特攻として与えられた命令のもとで今、死んでいきます」と書いていますね。「自由主義者として死んでいきます」と書いている。

京都帝大（現京都大）のクリスチャンの学生は「お母さん。私は賛美歌を歌いながらアメリカの航空母艦にぶつかっていきます」と書いていますね。誰もが喜んで死んでなんかいません。

どうして彼らにそういうような人生を要求したんでしょうか。人間を爆弾として使うことを戦術戦略として考えたんでしょうか。このことは、私たちの国の歴史的な教訓として覚えておかなきゃいけない。きちんと書き残して、理解しておかなきゃいけない。

私は特攻隊の人たちは、英雄でも犬死にでもどちらでもないと思いますね。彼らはこの時代の犠牲者なんです。この時代に生まれてこなければ、こういう目に遭わなかった。この時代に生まれてきたことによって、こういう役割を担わされた。多くは大正十年、十一年生まれの人たちです。

特攻の人たちが残した遺書、残した言葉、残した思想を私たちはきちんと理解すべきだと思いますね。いかにも国が立派でこの国に尽くすことが喜びである、表向きはそう書きながら、しかし決して喜んで死んでいくわけではないとも書いてますね。

こういった特攻の人たちの気持ちを本当に理解したときに、私たちは戦争が持っている残酷さはいかにひどいものか、軍事指導者たちはいかにひどいことを青年に要求したのか、わかってくるように思います。

「本土決戦」で日本崩壊の危機

特攻隊を送り出した参謀や司令官は「私も後に続くから」と言って、後に続いた人はほとんどいなかった。「特攻隊はみんな志願していったんだ」というのも嘘なんですよね。戦後そうまき散らして自分の責任を逃れようとした。

特攻隊員が自己犠牲によって戦ったけれども、やがて広島、長崎に原爆が投下され、ソ連の参戦という形で敗戦を迎えます。陸軍は最後まで徹底的に敗戦を受け入れなかった。

クーデターを起こそうとしたぐらいですけども、もし徹底抗戦が長引けば、ソ連が北海道も半分占領して、「東日本社会主義人民共和国」が誕生した可能性もある。

日本は昭和二十（一九四五）年に入ると、本土決戦というものを呼号します。沖縄戦は本土決戦ではあった。しかし軍が言っている本土決戦とは、相模湾（神奈川県）、あるいは九十九里浜（千葉県）からアメリカ軍が上陸してきて、その上陸してきたアメリカ軍に対して、一億総特攻で戦うこと。国民は全て特攻隊員になってアメリカの戦車にぶつかっていく。自分の体を武器にして死んでいくというような形、それが本土決戦ですね。

アメリカの「オリンピック作戦」という計画では昭和二十年十一月一日に九州の鹿児島県などに上陸し、そこを制圧して九州・四国・中国地方を抑えて東京に攻撃しようとしますね。昭和二十一年三月一日、「コロネット作戦」といって、相模湾から上陸してきて東京を主戦場にして戦争戦闘状態になるという形です。

日本の首都を抑える、本当の本土決戦での悲惨な状況、これは第二次世界大戦のベルリンの市街戦と同じような状況になるということですね。そういう戦争を考えていた。

一方でソビエトは日ソ中立条約を破棄して、昭和二十年八月九日に日本へ攻めてきます。

攻めて、今度は北海道も占領しようという計算を持っていたのがスターリンの計画で明らかになっています。日本は本土決戦、あるいはソ連との戦争によって北海道はソ連に、日本全国がアメリカ・イギリスなどに制圧される形になって、それでもなお戦うという形が本土決戦ですね。

こういった戦争の最後の段階を見ていくと、すでに原爆を広島、長崎に投下しているアメリカは、日本が本土決戦をやるならさらに原爆を投下する計画を持っていたことが明らかになっています。そうしたことを含めると、この戦争は基本的に何のために、どこまでどういう意味で日本は戦っているのか、それがまったく見えなくなってきていたんじゃないか。

大西瀧治郎《たきじろう》という、海軍の特攻について考えた一人の軍人は、日本人の四人に一人が特攻となって、血染めの日本にしてしまうことによって、アメリカが「もういい、もうやめよう」と言うはずであるとまで、最後には言っていますね。

ソ連は北海道に入ってくる。本土決戦で日本中が戦場になっていく。この戦争によって私たちの国土は荒廃し、人々は戦死し、そして国全体が滅びる。その道を軍は歩んでいた。

その道を進もうとしていた。

最後にそれを止めたのが天皇だったことになりますけども、そういう道を進もうとしていた事実は残るわけです。私たちは毎年八月、いつも、戦争の最後を思い出さなきゃいけない。日本が軍事指導者の考え方一つでとんでもない崩壊状態になった危険性があったことだけは、考えておく必要があると思いますね。

太平洋戦争から学ぶ三つの教訓

「昭和天皇の聖断」という形で戦争は終わるわけですけれども、私は『安倍首相の「歴史観」を問う』（講談社）という本の中で、太平洋戦争が教えた三つのことを挙げています。

太平洋戦争が教えたことには重要なことがいくつもあると思いますが、最終的には三つに絞れる感じがします。

一つは、シビリアンコントロール（文民統制）が守られなければいけないということです。軍事が政治を振り回して、国家の政策すべてを振り回して人々の生活を振り回す。そうすると、軍事の価値だけが一番尊いことになって政治が死んでしまう。

二つ目は、文化や伝統に反する戦争であったということです。軍事指導者たちは特別攻撃隊（特攻）作戦を行い、あるいはその地に留まって皆玉砕せよ、死ねという命令を出しました。玉砕というのは、次の戦闘の作戦を考えるまでの時間稼ぎなんですが、捕虜になって生命を永らえさせる考えがこれっぽっちもない。特攻と玉砕という生命軽視が戦争の中で顕著に現れたんですね。特攻や玉砕は日本の生と死の伝統文化とは全く異質のもので、それに反すると思いますね。

三つ目は、当時、「捕虜をきちんと遇する」、あるいは「一〇〇％死ぬ命令を軍の指揮官は兵隊には出せない」、そういったいくつものルールが国際間であったにもかかわらず、日本は全く無視した。とにかく死ね、死ねと要求する。「日本人はそういったことで死を恐れない」というふうに日本の文化を曲解して戦争を進めた。

この三つを、私たちは反省点として心に刻んでおかなきゃいけないと思います。それを怠ったときに、私たちは太平洋戦争から何も学んでいないことになると思います。

「戦間期の思想」という言葉があるんですね。どういうことか。第一次世界大戦は一九一四年から一八年です。第二次世界大戦は一九三九年から一九四五年です。一九一八年に第一次世界大戦が終わり、第二次世界大戦は一九三九年に始まりました。その間二十一年あります。この二十一年間を「戦間期」というわけですね。戦争と戦争の間っていうことです。この間に二つの思想が出てくる、芽生えるんですね。

一つは、「戦争で失ったものは戦争で取り返す」という考え方です。二つ目は、「戦争以外に国益を獲得する手段はないんだ」という考え方です。

ヒトラーは、一つ目の考えをもとに、ドイツの国民を第二次世界大戦に駆り立てました。二つ目の国益は戦争で守る以外ない、戦争で獲得する以外ない、それが日本の軍人の性格だったんですね。

日本の軍人は、国益というのは戦争で獲得する以外ないんだと考えた。だから戦争っていうものを常に正当化する。戦争によってのみ、この国が豊かになるというふうに。戦間期の思想です。この戦間期の二つの思想によって第二次世界大戦は始まりました。

一九四五年に戦争が終わって以来、日本では、戦争で失ったものを戦争で取り返すということを言った政治家、国民は誰もいませんね。いや、何年か前に一人だけ、北方四島は戦争で失ったんだから戦争で取り返すべきだと言った妙な若い政治家がいました。この人はそういう言葉を吐くことによって、どれだけ日本の歴史を、国際社会に日本の信用を傷つけたんでしょうか。

私たちは戦間期の思想を持たないっていうことをずっと守ってきてるわけです。これからも持たないでしょう。永久に持つつもりはないし、国家の意思として持つべきではないと思います。戦間期の思想を持たないことを、きちんとした国の政策で表している唯一の国でありたいですね。

だから他国を攻めない、他国から攻められないという形の国家としての矜持、国家としての誇りというものを、やっぱり作っていかなきゃいけない。そして戦間期の思想と永久にさよならしている国家としての力を蓄えていかなきゃいけないと思います。

盟友対談

半藤一利 with 保阪正康

問い直す戦争　忘れてならない教訓［対談　東京裁判］

二〇一五年十一月二十九日掲載

昭和の戦争指導者を断罪した東京裁判は、戦後の社会にどのような影響を与えたのか。評価が分かれる「戦勝国の裁き」について、戦後七十年目となった二〇一五年、半藤さん(85)は保阪正康さん(75)と対談。批判を超えた意義を見いだすべきだとの意見で一致、二人は「戦後の再スタートの礎《いしずえ》」と位置付け、半藤さんは「南京事件など日本軍の残虐行為も明らかにされた」、保阪さんは「平和や人道に対する罪は許さない、という文明理念を入れた」と述べた。

裁判では一九三一年の満州事変から日中戦争、太平洋戦争と続いた約十五年間をめぐり、政府や軍部の指導者ら二十八人がA級戦犯として起訴され、東条英機《ひでき》元首相ら七人が絞首刑になった。

半藤さんは「それまでの国際法には戦争指導者を犯罪人として裁く考え方はなかった」と述べ、戦後連合国側が定めた条例に基づいて罰した不合理さを指摘。保阪さんは「約十五年間に次々と交代した指導者らが侵略に合意していた、という共同謀議の概念が日本の実態に合わない」と分析した。

その上で、半藤さんは「日本国民も軍閥の被害者と位置付けた」と評価し、指導者の戦争責任を問うべきだという当時の国民感情に沿った裁判だとの考えを示した。

さらに保阪さんは「平和に対する罪、人道に対する罪を許さないという文明の理念を入れた」と指摘。判決を受け入れた戦後日本について「平和を語る責任を自覚しなければならない」と訴えた。

【東京裁判】

侵略戦争の計画や実行など「平和に対する罪」を裁くため、連合国軍総司令部（ＧＨＱ）のマッカーサー最高司令官が布告した極東国際軍事裁判所条例によって設置。一九四六年五月～四八年十一月、東京・市ケ谷の旧陸軍士官学校講堂を改装した法廷で行われた。裁判官と検察官は各十一人で、米国、ソ連、中国、オーストラリアなど戦勝国十一カ国から一人ずつ選ばれた。二十八人の被告のうち、絞首刑が七人、終身禁錮が十六人、禁錮二十年が一人、禁錮七年が一人、病死などが三人。日本は五一年九月のサンフランシスコ講和条約で判決を受諾した。

リーダーは「くたびれた老人」

──戦時中に育ったお二人にとって、裁判はどんな出来事でしたか？

半藤　私は裁判を傍聴しているんですよ。一九四八年春、十七歳だった。A級戦犯※被告として裁かれた白鳥敏夫元駐イタリア大使の息子が、私の旧制高校の同級生で、彼に誘われて関係者席に座った。被告席ははっきりは見えなかったが、戦争のリーダーはこんなくたびれた老人ばかりかと驚いた。これじゃ勝てるわけないと。

保阪　私は小学校低学年であまり実感がないが、判決の「デス・バイ・ハンギング（絞首刑）」という言葉が子どもたちの間ではやったね。ラジオで何回も放送された。

半藤　「コウキ・ヒロタ（広田弘毅《こうき》元首相）、デス・バイ・ハンギング」と聞いた時、父が「えっ、広田さん絞首刑なのか」と驚いたのを覚えている。軍人じゃないから、まさかと思ったようです。

──広田元首相は外交官出身で、軍人ではない唯一の文官。同情論もありますが？

半藤　自殺した近衛文麿《このえふみまろ》元首相の代わりでしょう。ナチス・ドイツを裁いたニュルンベルク裁判でも文官が一人絞首刑になっており、戦勝国側はそれを踏襲したと考えられます。

保阪　二・二六事件後に首相になり、軍の要求を数多く受け入れてしまった。城山三郎さんの小説「落日燃ゆ」は、彼を美化しすぎていると感じます。

※A級戦犯…A級は「平和に対する罪」で、侵略戦争などの計画や準備、実行などを対象とした。B級は、占領地の住民や捕虜の殺害、略奪など、従来の国際法に規定された戦争犯罪。C級は「人道に対する罪」で、政治的、人種的、宗教的理由に基づく迫害などを指し、ナチス・ドイツのユダヤ人虐殺を想定した。東京裁判ではC級に明確に該当するケースはなく、一くくりにBC級とされることが多い。「級」は重大性や責任の重さを表すものではない。

何人死なせれば

――その対極が東条英機元首相。今年（二〇一五年）公開された半藤さん原作の映画「日本のいちばん長い日」でも、戦争継続論者として描かれました。

半藤　終戦直前に東条元首相が書いた手記が近年、明らかになったんです。「敵の脅威に脅《おび》え簡単に手を挙ぐるがごとき国政指導者及《および》国民の無気魂《むきこん》なり」と、国民まで批判する内容です。首相兼陸相兼参謀総長を務め、戦況がどんなにひどいか骨身にしみていたはずなのに、まだこんなことを言っていたのかと思いますね。

保阪　ずっとこのような認識を持っていた軍人です。国民の生命・財産を守る意識がまるでない。国民を何人死なせれば気が済むんだ、と思う。

——日本の愚かしさの象徴として、検察側が提出しようとした「占領地の土地処分案」とは？

保阪　ドイツと世界を分割しようという案で、米国アラスカ州や中南米の支配まで想定している。朝鮮や台湾に置いた総督府を、オーストラリアやインドにも置く内容。緒戦の快進撃に有頂天になった参謀たちが、一九四二年二月に考えた。何を考えていたのかと噴き出すような誇大妄想で、証拠としては却下されました。

半藤　歴史に対する日本人の意識の浅さが浮き彫りになった裁判でもありました。裁判で不利な証拠になってはいかんと、終戦時に国や軍の資料をバンバン燃やしてしまったね。

——裁判での米国の思惑は？

保阪　何よりもハワイの真珠湾攻撃をだまし討ち、侵略として裁きたかったが、立証できなかった。日本が開戦直前に宣戦布告をしようとし、手違いで通告が遅れたことが、裁判で認定されたためです。米国は日本の暗号を解読して攻撃を予測しており、裁判でそれが議論される恐れが出てきた。だから、裁判後半ではあまり真珠湾に触れなかったけど。

残虐行為を問う

――日本を裁くために戦勝国が持ち出したのが、侵略戦争の共同謀議という考え方ですね？

保阪　ドイツにはヒトラーという絶対的な指導者がいて、ニュルンベルク裁判ではそれに連座したナチスの指導者が裁かれた。検察側は、日本でも指導者らを「軍閥」で一くくりにし、侵略に合意していたことを立証しようとした。でも満州事変から終戦までの十五年間、指導者は次々に交代しており、実態に合わない。

半藤　それがこの裁判の弱いところで、共同謀議は日本では成立しません。判決を受けた二十五人のうち、二十三人が共同謀議に加わったとされたが無理やりだ。簡単に言うと、死刑判決の人は、共同謀議より残虐行為が問われたとみていい。判決には「捕虜虐待を防ぐ措置を怠った」などとしか書いていないが、木村兵太郎元陸軍大将なら、泰緬《たいめん》鉄道建設時の多くの死を英国が許さなかったと考えられます。武藤章《あきら》元陸軍中将の場合は、フィリピンで捕虜らが多く死んだ収容所への移送（バターン死の行進）。ただ、着任前の出来事で気の毒ですね。真の責任者が既に処刑されていたからだろう。

保阪　武藤元中将が巣鴨拘置所で書いた日記があります。判決を受けて自室に戻ったら、隣の部屋から嶋田繁太郎《しげたろう》元海相の高笑いが聞こえた、とある。嶋田元海相は終身禁錮刑で、命は助かった。武藤元中将の日記のこの一行に「なんで俺が死刑になって、あいつがならないんだ」という万感の思いがこもっている。

――被告に、思想家で国家主義を唱えた大川周明《しゅうめい》がいるのが目を引きますが。

半藤　侵略戦争の思想的根拠をつくったと目された。ニュルンベルク裁判で、思想家ローゼンベルクが裁かれたのにならったのでしょうね。

保阪　東京裁判では当初、言論人として徳富蘇峰《とくとみそほう》※が被告に擬せられたとされます。国民に向け戦争をあおった代表格だが、高齢で裁判に耐える体力が無いということで外されたのでは。実際には蘇峰は元気そのものだったのですが。大川は裁判中、前の席にいた東条元首相の頭をたたくなどし、精神疾患があるとされて入院した。結果的に、日本の言論界は裁かれずに終わったと言えます。

※徳富蘇峰…一八六三～一九五七年。明治時代に自由民権運動に参加、国民新聞（東京新聞の前身の一つ）を創刊した。戦時中は、戦争を支援する言論人でつくる「大日本言論報国会」会長を務めた。

周到な天皇免責

——昭和天皇についてはどうみますか？

半藤　日本は無条件降伏をしたとされるが、ポツダム宣言※は天皇の地位保全を条件に日本が受け入れた。地位保全は最初はポツダム宣言に明文化されていたのに、最後の段階で削られた。ただ、外務省は「天皇の地位は保全される」と手応えを感じていた。だから米国は早い段階から天皇免責を決めていたでしょう。

保阪　連合国軍総司令部（ＧＨＱ）のマッカーサー最高司令官は、米国大統領選出馬を視野に入れていたね。日本国民が反旗を翻して自身の統治能力が問われることのないよう、天皇の保全を考えたのではないか。

半藤　米国は天皇を外すためにものすごく苦労したと思う。側近の木戸幸一※元内大臣を何度も呼び、天皇がいかに平和を愛し、政府と軍部の決定に「ノー」と言えなかったかを語らせている。天皇の言動が記された「木戸日記」も提出させた。形を整え、「天皇を訴追せよ」と主張するオランダやオーストラリアなどを説得しました。

——証人尋問で東条元首相が口を滑らせる場面もあったようですが？

保阪　木戸元内大臣担当の弁護人から「天皇の平和の希望に反して行動した事例はあるか」と聞かれ、東条元首相は「日本国民が陛下の意思に反することはありえない。まして高官はなおさらだ」と答えてしまった。それでは天皇に戦争責任が生じてしまう。そこで、さまざまな人物が証言を修正するよう東条元首相を説得。次回の証人尋問の練習まで行った。

半藤　それを指示したのが、追及する側のキーナン検事※ですからね。「あれではまずい。もう一度質問するからちゃんと言い直させろ」と。そういう意味では茶番劇です。

保阪　判決をよく見ると、絞首刑になったのは首相経験者や軍部の前線の指揮官ばかりで、陸海軍の中央、いわゆる統帥部の幹部は外れている。統帥権は天皇の専権で、戦争責任に直結するからですよ。東京裁判にこの種のからくりはいくつもあります。

※ポツダム宣言…一九四五年七月二十六日、米国、英国、中国が共同で発表。日本に降伏を勧告し、占領や武装解除、戦争犯罪人処罰などを求めた。日本は広島、長崎への原爆投下後の八月十五日に受諾を表明。

※木戸幸一…一八八九〜一九七七年。主に宮中で活動した戦前の政治家。幕末、明治初期に活躍した木戸孝允《たかよし》（長州出身）の孫。内大臣などを務め、昭和天皇の最側近として実権を握り、戦局が悪化すると和平に動いた。東京裁判でA級戦犯として終身禁錮の判決を受けた。

※キーナン検事…一八八八〜一九五四年。米国の法律家。司法省幹部を経て、東京裁判の首席検察官。同裁判の検察官は裁判官と同様に計十一人で戦勝国の米国、中国、ソ連など十一カ国が一人ずつ出した。

国民も被害者に

――戦勝国による一方的な裁き、との批判もあります。

半藤　それまでの国際法では、侵略戦争とは何かを定義していないし、戦争を始めた指導者を犯罪人として裁く考え方はありませんでした。事後に法をつくったということですね。ただ裁判を傍聴した一人として言うと、当時の国民感情には「政府と軍部の指導者に戦争責任があり、極刑にされるべきだ」という思いがあったと思う。裁判の起訴状は、日本国民も軍閥の被害者と位置付けた。

保阪 裁判は私たちが知らないこと、戦争の実態を明かしてくれましたね。

半藤 南京事件など旧日本軍の残虐行為は、国民には知られていませんでした。国民は、軍は規律を守るものだと思っていた。日清、日露戦争で天皇が出した開戦の詔勅《しょうちょく》には「国際法を守って戦う」という趣旨が書いてある。しかし、太平洋戦争では東条元首相が削ったとされています。

保阪 東京裁判が始まる前に、日本政府の中に天皇の命令、いわゆる勅令に基づいて戦犯裁判をやろうという動きがあった。しかし、天皇が「昨日までの臣下を裁くわけにはいかない」と認めなかったんです。

半藤 もし日本人の手で裁判をやっていたら、絞首刑は七人ではすまなかったでしょう。日本人同士の間に永遠の恨みが残る。だから戦勝国による裁判は、一面では戦後の日本が混乱なく再出発できるという意味を持っていた。礎でした。

保阪　その通り。勝者による復讐《ふくしゅう》で、二度と戦争を起こさせない仕組みをつくる裁判だったことは否定しない。だが、それを超える意義があります。

昭和史から教訓

――その意義とは？

保阪　「平和に対する罪」「人道に対する罪」を許さないという、二十世紀の文明理念を入れたことです。人類の普遍的な価値を裁判に持ち込もうとした努力を認めなくてはならない。私たちの国はそれを受け入れ、反省した。そうすると、私たちはすごい権利と義務を得たことになります。

つまり、戦勝国に「あなたたちは東京裁判で裁いた責任がある」と言えるし、言わねばならないということ。侵略戦争や残虐行為が起きた時、「日本を裁いた論理を、あなたたちは崩しているじゃないか。何やってるんだ」と。しかし、平和を語る責任を日本は自覚していない。

半藤　日本は言わなきゃいけません。戦勝国は日本と同じことをやってると思う。現代史で、裁判をやらなければいけない戦争は山ほどあります。ベトナム戦争で米国がやったソンミ村の虐殺※は何だ。イラク戦争では、攻撃される危険性があるからと先制攻撃し、日本の真珠湾攻撃より悪いですよ。結局、大量破壊兵器が見つからず、英国のブレア元首相は最近になって「間違いだった」と謝罪したが、日本の政治家からそういう声は聞こえない。過激派組織イスラム国（ＩＳ）を生みだし、世界の混乱を招いてしまった。

保阪　集団的自衛権の行使容認を柱とする安全保障関連法が制定され、日本はさらに平和を語れない立場に立ってしまった。「中国や北朝鮮が攻めてきたら……」などと言う政治家がいるが、戦争は政治の失敗でしょう？　失敗を前提に政治をやるのは不謹慎だと思う。その前にやるべきことがある。

国際刑事裁判所が設置されて戦争犯罪を裁く常設機関ができ、日本も加盟したが、米国、中国、ロシアは加盟していない。裁かれた日本の方が理知的になり、理念を説いて人類に貢献するという「逆転の事実」をつくるべきです。

半藤　歴史的教訓は全部、昭和史に書かれてある。昭和史からそれを大いに学ぶことです。

※ソンミ村の虐殺…一九六八年三月、当時の南ベトナムのソンミ村（現ティンケ村）で、米軍がゲリラ掃討のために住民を襲撃。機銃掃射などで女性や子どもを含む五百人以上を殺害したとされる。

- 1931年9月　満州事変勃発
- 36年8月　日本政府が「国策の基準」策定
- 37年7月　日中戦争勃発
- 12月　南京占領（南京事件起きる）
- 40年9月　日独伊三国同盟締結
- 41年12月　真珠湾攻撃、太平洋戦争勃発
- 42年2月　日本軍がシンガポール占領、市民や捕虜の虐待続く
- 6月　日本軍がタイ－ビルマ間に泰緬鉄道着工
- 45年2月　マニラの戦いで、市民に多数の犠牲

日本軍は鉄道爆破事件を契機に旧満州（中国東北部）を占領した。土肥原大将は当時の陸軍特務機関長。東京裁判判決は「侵略政策がとられるにつれ、政治的謀略と武力行使によってその進展に顕著な役割を果たした」と認めた。

土肥原賢二　陸軍大将

ソ連の脅威除去と東南アジア進出を目指した方針で、広田内閣が決定。判決は「西洋との戦争をもたらした」と重要視。広田首相は南京事件時の外相で、残虐行為の報告を受けながらやめさせなかったことも過失とした。

広田 弘毅　首相

南京占領後、日本軍による住民や捕虜の虐殺、女性暴行が頻発した。松井大将は当時の現場トップ、中支那方面軍司令官。裁判では被害者証言が証拠となり、犠牲者20万人以上と認定。「市民の保護の義務を怠った」と指摘した。

松井 石根　陸軍大将

日本の空母機動部隊がハワイの米基地を奇襲。判決は、開戦決定過程で東条首相が果たした役割を「どのように大きく評価しても大きすぎることはない」と指摘。国の最高首脳として、日本軍による捕虜などへの非人道行為も問われた。

東条 英機　首相、陸軍大将

板垣大将がシンガポールを管轄する第7方面軍司令官だったのは、終戦までの約半年。判決は捕虜の食糧や医薬品の供給が不十分だったと指摘。「扶養すべき義務のあった何千という死に責任がある」とした。

板垣征四郎　陸相、陸軍大将

総延長400キロ超の過酷な鉄道建設で、英、蘭軍などの捕虜約1万5千人が死亡したなどとされる。木村大将がビルマ方面軍司令官に就いたのは建設終了後だが、判決は「残虐行為を知りながら引き継ぎ、残虐行為は衰えなかった」とした。

木村兵太郎　陸軍大将

フィリピン市民の死者は10万人とも。武藤中将は現地管轄の第14方面軍の参謀長で、判決は「法規違反の責任者の一人」。着任前の1942年には日本軍が比兵捕虜らを100キロ以上歩かせ、1万7千人が死亡、行方不明になった。

武藤 章　陸軍中将

絞首刑 7人

5月　ドイツが無条件降伏。ヒトラーは7日前に自殺

8月　広島と長崎に原爆投下。ソ連が参戦

15日　終戦

30日　マッカーサー連合国軍最高司令官来日。戦争犯罪人のリストアップ命じる

9月2日　米戦艦ミズーリで降伏文書調印

10日　連合国軍総司令部（GHQ）が東条英機元首相ら43人の戦犯を発表

11日　東条元首相が自殺図るが未遂

27日　昭和天皇とマッカーサー最高司令官が初会見

11月20日　ドイツの戦争犯罪を裁くニュルンベルク国際軍事裁判開廷

12月16日　近衛文麿元首相が自殺

46年1月19日　マッカーサー最高司令官が極東国際軍事裁判所設置（東京裁判）を指令

25日　マッカーサー最高司令官が米国に「天皇起訴の場合、占領軍の大幅増強が必要」と打電

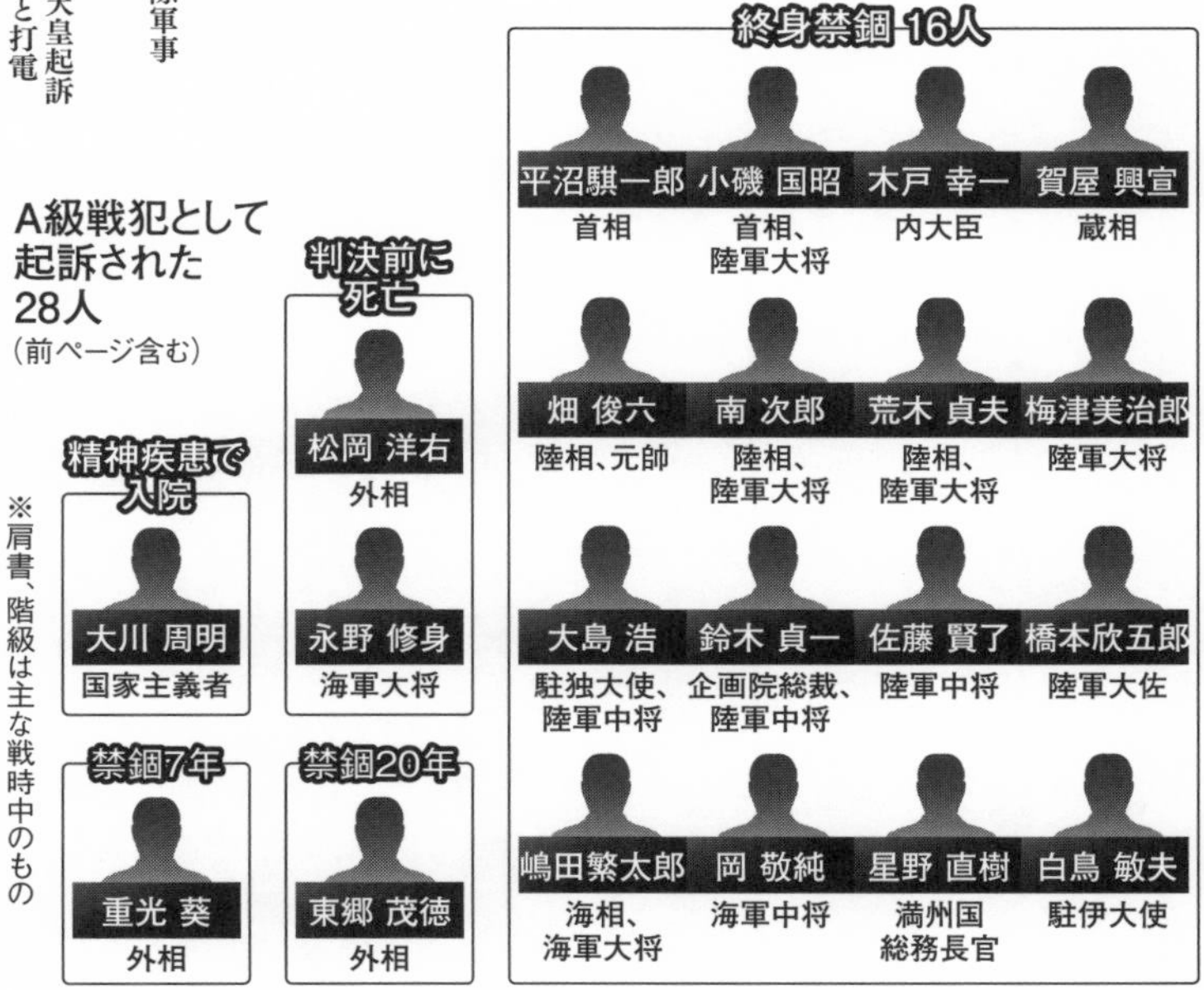

5月3日 東京裁判開廷、ウエッブ裁判長が「今回のような重要な刑事裁判は世界史上比を見ない」

6日 清瀬一郎弁護人が「裁く権限はない」と動議

6月4日 キーナン検事が冒頭陳述。「彼らは文明に対して宣戦を布告した」

10月1日 ニュルンベルク裁判判決。元国家元帥、元外相ら12人に絞首刑

47年2月24日 弁護側反証始まる。清瀬弁護人「自衛戦争だった」

5月3日 日本国憲法施行

10月10日 キーナン検事が「天皇と実業界に戦争責任はない」とマスコミに表明

48年11月12日 A級戦犯25被告に判決。東条元首相ら7人に「デス・バイ・ハンギング(絞首刑)」

12月23日 巣鴨拘置所で7人の絞首刑執行

24日 岸信介元商工相らA級容疑者17人釈放

裁判官

裁判長

- オーストラリア ウエッブ

判事

- カナダ マクドゥーガル
- 中国 梅(メイ)
- フランス ベルナール
- オランダ レーリンク
- ニュージーランド ノースクロフト
- ソ連 ザリヤノフ
- 英国 パトリック
- 米国 ヒギンズ(※)
- インド パール
- フィリピン ハラニーリャ

(※)のちにクレーマーに交代

キーナン検事(米国、写真右)の反対尋問をうける東条元首相

50年6月　朝鮮戦争勃発

51年9月　サンフランシスコ講和条約調印

56年10月　ハンガリーの市民が蜂起、ソ連軍が介入し鎮圧（ハンガリー動乱）

64年8月　トンキン湾事件（米国がベトナム戦争に本格介入）

75年4月　カンボジアでポル・ポト派が全権掌握

79年2月　中越戦争勃発

12月　ソ連がアフガニスタン侵攻

91年1月　湾岸戦争勃発

6月　スロベニアとクロアチアが旧ユーゴスラビアから独立宣言、内戦

94年4月　ルワンダ大統領機撃墜、内戦激化

2001年9月　米中枢同時テロ

10月　米などアフガニスタンのタリバン政権を攻撃（対テロ戦争）

02年7月　国際刑事裁判所（ICC）設立条約発効

03年3月　イラク戦争勃発

14年3月　ロシアがクリミアを併合

急進的な共産主義政策を採ったポル・ポト元首相（98年に死亡）の政権は、抵抗する知識人ら約200万人を虐殺したとされる。政権崩壊後の2001年、カンボジアは国連との協定に基づき特別法廷を設置。14年8月の一審、16年11月の二審とも判決は、元国家幹部会議長らに終身刑。

旧ユーゴ国内の民族・宗教対立を背景に起きたジェノサイド（集団殺害）を裁くため、国連安保理決議に基づき1993年、オランダ・ハーグに国際法廷を設置。ミロシェビッチ元大統領（2006年、拘置中に死亡）ら161人が起訴された。

1994年に起きたフツ人によるツチ人の大虐殺を裁くため、国連安保理決議に基づき同年11月、タンザニア・アルーシャに国際法廷を設置。犠牲者は50万～100万人とされ、2011年には殺人などを指示したとして、女性政治家に終身刑を言い渡した。

特定の民族・宗教を標的とした集団殺害、戦争犯罪、侵略を裁くための常設刑事裁判機関として、オランダ・ハーグに設置された。日本は2007年に加盟。現在、世界123カ国・地域が加盟するが、米中ロは加盟していない。コンゴの紛争などを扱った。

大量破壊兵器保有の疑いを理由に、米英軍などがイラクを攻撃。拘束されたフセイン元大統領は、イスラム教シーア派住民148人を殺害した罪に問われ、バグダッド高等法廷が2006年11月、死刑を言い渡した。

記者コラム

洒脱なリアリスト

荘加卓嗣

九十年に渡る半藤さんの生涯で、お付き合いしたのは晩年の、ほんの六年にすぎない。でもそれはなかなかの濃度だった、と思う。半ば恒例化していた半藤さんと保阪正康さんの対談には、社内からも開催を待つ声があり、私自身も半藤さんに会いたい、聞きたいと思いつつ本書に収めた取材の多くを担当した。

いろんな話を聞いた。ほとんどは紙面に載せたが、そのほかも忘れられないことばかりだ。文藝春秋の編集者になり、死後間もない永井荷風の所に駆けつけたこと。原稿をもらいに、坂口安吾の家に滞在したこと。同誌がリードした田中角栄元首相の金脈問題報道で、東京地検特捜部と渡り合ったこと。そして、上皇ご夫妻と昭和史の話をしたこと。時空を超えて、その場に連れて行ってくれるようだった。

通底していたのは「世の中に『絶対』は、ない」という視座。「絶対勝つ」「絶対国防圏」などの決然とした勇ましい言葉の果てに迎えた敗戦時、まだ十代半ばの半藤さんが至った境地だ。明るく洒脱な振る舞いと裏腹に、世の定説や時に自らの認識すらも疑って真実を見定めようとする徹底したリアリズムだった。

半藤さんは二〇一九年八月十六日、中西進さんとの対談を終えた本社からの帰路、転倒し大腿骨を骨折した。予後が悪く、便りで気力の衰えを嘆いていたのが気にかかり、一年ほどたった昨年八月十八日、自宅を訪ねた。

妻・末利子さんに促されて二階の仕事場から一階の玄関まで降りてきてくれた半藤さんは、いつも通りのぶっきらぼう。でも去り際、「来年は真珠湾攻撃から八十年です、体が許す範囲で、また付き合ってくださいよ」と声をかけると笑顔になり、傷めた足を上げてみせてくれた。つまり、「了」ということだと受け取った。

年末、その打ち合わせも兼ねて「暖かくなったらお茶でも」と年賀状に記し、誘ってみた。年が明けて返事が来ないのもいつも通りだが、今年は訃報が届いた。

半藤さんに会えなくなって、生前よりも著作を読む。たまには、と別の作家の作品を手に取ると、今度は解説が半藤さん。「ここにも」と、自然とほおがゆるむ。活字の中で、半藤さんは生き続ける。日本社会は分断が進み、中傷と流言が喧《かまびす》しい。世界もいよいよきな臭い。こんな時だからこそ、引き続き半藤さんに教えを請いたい。洒脱なリアリズムを身に着けるべく。

象徴天皇と平成

二〇一九年三月二十五～二十七日掲載

四月三十日に天皇陛下（現在の上皇さま）が退位され、平成が幕を閉じる。歴史へと変わる平成とは、どんな時代だったのか。その中で天皇、皇后両陛下はどのような存在だったのか。両陛下と交流のある半藤さん（88）は保阪正康さん（79）と語り合った。

平成はバブル経済の絶頂期に始まった。旧ソ連のアフガニスタン撤退、中国の天安門事件、ベルリンの壁の崩壊など、世界情勢は激動していた。

当時、文藝春秋社の役員だった半藤さんは「ソ連の崩壊などが日本にどう影響するのかという分析をあまりしていなかった。一九九五年に阪神大震災、地下鉄サリン事件が起きて、世界情勢より、国内問題が大事になってしまった。日本は世界情勢の変化に応じられなくて、出遅れたという思いをしています」と振り返る。

災害が多発した時代でもあった。保阪さんは「平成の災害史観は新たな問題を生んだ。人災を巧みに天災にすり替えた。東京電力福島第一原発事故を見れば、無神経な原子物理学者が、東電と政府の原発政策を擁護していることを歴史的に確認した」と指摘した。

半藤さんは「陛下がよく歴史を正しく学んでほしいと言うけれど、自分の本当の気持ちをこめられている。政治的ではない、ぎりぎりの思いを発言している」と強調。保阪さんは「息子とその妻がどういう天皇、皇后になるかを確認したいがための退位でしょう。逝去と即位が一体化しない今回は、冷静に代替わりを考える機会になると思いますね」と語った。

時代

――半藤さんは、平成の始まりは世界史的な大きな曲がり角にぶつかっていたのに、バブル経済の真っ最中だった日本は、それに気付かず浮かれていた、とふり返っていますね。

半藤　一九八九（平成元）年は、まだ文藝春秋で役員をやっていました。バブルで左うちわ。十二月に株価が史上最高の三万八千九百いくらでしたかね。わが日本国はバブルの最高を迎えているときに平成元年が来たんですね。一月に平成が始まり、二月に旧ソ連がアフガニスタンから撤退しました。変なことが起きたな、と思っていたら天安門事件※、ベルリンの壁の崩壊や暮れになってルーマニア大統領のチャウシェスクが処刑され、東欧がどんどん独立していく――という具合に世界情勢がガラガラ変わっていくのを体験したわけです。ソ連も崩壊※したけれども、じゃあそれが日本にどう影響するのかという分析を、あまりやっていなかった。

九二年にバブルが崩壊し、九五年に阪神大震災が起き、地下鉄サリン事件も起きて、世界情勢についていくより、国内問題が大事になってしまった。平成という時代を考えるときに、日本は世界情勢の変化に応じられなくて、出遅れたという思いをしています。

――北朝鮮の弾道ミサイル開発が本格化したり中国の南シナ海進出が明らかになったりしたのも、この時期です。

半藤　ぐんぐん変わっていくんです。でも日本はその時、意識しないんですね。

――保阪さんは平成のキーワードに「天皇」と「政治」と「災害」を挙げていますね。二度の政権交代もありましたが、政治とは？

保阪　平成というのは平成元年からではなく、平成五、六、七年から始まっていると考えるべきじゃないかと思う。五五年体制※が崩壊し、衆院選に小選挙区比例代表並立制が導入され、阪神大震災が起きました。

――九三年の非自民・細川護熙《もりひろ》政権の成立に至る政治改革論議の下地には、ＰＫＯ（国連平和維持活動）への参加など変化の早い世界情勢に、いかに対応するかという動機があ

ったように思いますが。

保阪 昭和の終わりから平成の初めにかけて、評伝を執筆するために後藤田正晴《ごとうだまさはる》氏※をずっと取材していました。一時期、首相に擬せられた時があったけれど、彼の事務所に行っては政治情勢を雑談でよく聞いていました。あるとき後藤田に大正時代のシベリア出兵※の法的根拠を調べるように頼まれ、調べたが、かなり曖昧。説明したら「撤退のことも考えておかないと、シベリア出兵の二の舞いになる」と言っていましたね。

非自民政権が壊れ、自民、社会、さきがけの連立政権ができました。それ以前、三十八年間の与野党対立は随分いかさまで、政党はここで信頼感を失ったのではないかと思う。後藤田さんはその中心だったので、話を聞き「そうか」と思う一方、「どうかな」と思いました。歴史に学ばない勢力が力を持つ現状の政治には、ものすごく劣化した状況を感じます。

※天安門事件…一九八九年六月、中国共産党の胡耀邦《こようほう》元総書記の死去をきっかけに、北京の天安門広場に民主化を求めて集まった学生らのデモを、人民解放軍が武力で鎮圧した事件。多数の死傷者が出た。

※ソ連崩壊…ソ連は一九一七年のロシア革命で世界初の社会主義国家として成立。計画経済をうたい、第二次世界大戦後は東側の超大国として米国を中心とする資本主義陣営に対抗した。八五年にゴルバチョフ書記長が就任した後は民主化が進み、九一年には連邦が解体。ロシアなどの共和国に分裂した。

※五五年体制…一九五五年後半、左右に分裂していた社会党が再統一。自由党と日本民主党が合流（保守合同）し、自民党が結成されたことによりできた政治体制。自民党が常に政権を握り、社会党などの野党は改憲発議を阻止する程度の勢力を保った。

※後藤田正晴…一九一四~二〇〇五年。徳島県出身。東京帝大法学部卒業後、旧内務省に入省。戦後は警察畑を歩み一九六九~七二年に警察庁長官を務め、あさま山荘事件などに対処した。政界に転身し、中曽根康弘内閣の官房長官、宮沢喜一内閣の法相、副総理などを歴任、九六年に政界を引退した。「カミソリ」の異名でにらみをきかせる一方、ペルシャ湾への海上自衛隊掃海艇派遣やイラク自衛隊派遣に反対するなど、護憲派としても知られた。

※シベリア出兵…一九一七年のロシア革命でソビエト政府が成立後、日本がチェコ軍捕虜救出を名目に米国など列強各国と共に行った軍事介入。旧日本軍は一八年八月、日本海沿岸のウラジオストクへ上陸し、シベリア鉄道沿いにバイカル湖西岸まで進出した。派遣兵力は最大約七万三千人にのぼったが、抗日パルチザンの抵抗に苦しみ、二二年十月（北サハリンは二五年五月）に撤兵するまで約三千三百人の戦病死者を出した。

社会

――平成時代の社会の変容をどう見ますか。

半藤　保阪さんのように時代を象徴する言葉を述べると「平和」「災害」「インターネット」だとこの間まで言っていたんですが、携帯電話も持たないのに、何がインターネットだとかみさんにばかにされまして。だから「格差」の方が良いかなと思っています。平成初めの非正規雇用者は約八百八十一万人で現在は二千万人以上。それと合計特殊出生率は平成元年に一・五七で少子高齢化社会の到来は当然予想できたのに、国というのは何も手を打ってこなかったんじゃないか、という思いは強い。

――大規模災害が多発したのも平成時代の特徴です。

保阪　大規模な災害によって歴史的な考え方が変わったりする。それを災害史観と呼ぶと、例えば関東大震災※では虚無感がまん延し、「自殺ブーム」も起きた。もうひとつが中国、朝鮮人の虐殺です。

一方で平成の災害史観は新たな問題を生みました。それは人災を巧みに天災にすり替えるということ。東京電力福島第一原発事故は政府と電力会社の経営姿勢が混然一体となって天災にすり替えられた。湯川秀樹《ゆかわひでき》※や朝永振一郎《ともながしんいちろう》※らがなぜ反核運動に走ったかといえば、科学の持つ残酷さを自分たちの研究が示しているという恐怖感、責任感からでした。そういうことを考えもしない原子物理学者が東電と政府の原発政策を擁護していることを歴史的に確認した。

——右傾化や歴史修正主義の強まりも指摘されます。

保阪　後藤田さんは「新しい歴史教科書をつくる会※」に徹底的に反対していて、夜になるとその影響を受けたような人から、脅迫電話がかかってくると

言ってましたね。そういう連中のことを「いまだに歴史そのものをきちんと見てないんだなあ」と述懐していました。安倍晋三首相がトランプ米大統領をノーベル平和賞に推したなんて聞いて、私は心臓が止まりそうなぐらいびっくりした。私たちは戦後民主主義をきちんと伝えることに失敗したな、と思いましたね。

半藤　天皇陛下がよく歴史を正しく学んでほしいと言うけど、単に学べということではなく、自分の本当の気持ちを込めている。政治的ではなく、ぎりぎりの思いを発言しているわけですよ。

保阪　天皇、皇后両陛下は戦争が遠い過去の出来事になっているにもかかわらず、慰霊の旅などできちんと私たちに提示している。その継承は、言ってみれば国家的な財産だと思う。平成のものすごい劣化した状態を感じる中で、両陛下という存在が平成という時代を救っていると。このことを今なお実感として持っています。

※関東大震災…一九二三年九月一日午前十一時五十八分に発生した、相模湾を震源とするマグニチュード（M）7・9の大地震。東京、横浜を中心に火災が広がり、約十万五千人の死者・行方不明者が出た。また混乱の中で「朝鮮人暴動」の流言が出回り、多数の朝鮮半島出身者が殺害された。

※湯川秀樹…一九〇七～八一年。物理学者。陽子と電子の中間の重さを持つ中間子の存在を予言。四三年に文化勲章を受け、四九年には日本人として初めてノーベル賞を受賞した。核兵器の廃絶を目指すパグウォッシュ会議や科学者京都会議などで核兵器の廃絶や平和の実現を呼び掛けた。

※朝永振一郎…一九〇六～七九年。物理学者。五二年に文化勲章受章。六五年にノーベル物理学賞を受賞した。パグウォッシュ会議に日本の代表として出席した。

※新しい歴史教科書をつくる会…従来の歴史教科書が「自虐史観」の影響を強く受けているとして、歴史認識の修正を求める保守系団体。二〇〇一年の教科書検定で同会の日本史教科書が合格し、韓国の政府、世論が反発した。

代替わり

――半藤さんは天皇陛下とほぼ同世代。陛下も疎開先から帰った時、東京が焼け野原で驚いたという話をたびたびされています。

半藤　陛下は十一歳で奥日光におられたんですよね。八月十五日は。十一月に東京に帰って来て、あまりの惨状であることを自分の目でご覧になった。本人はかなりの覚悟を決めていたと思いますが、やっぱり相当なショックだったようだと、一緒に帰って来た学友から聞きましたけどね。それで皇太子の時代から平和ということを口に出されているようです。

実を言うと平成になった時、「今度の天皇は本当に大丈夫か」という思いはありましたが、今は尊敬しています。サイパンへの慰霊※の旅の丁寧なお辞儀を見て、あっ、この方は大変な方だと思いました。

保阪　昭和天皇に岡部長章《おかべながあきら》※という侍従がいました。両陛下と岡部さんの話題になった時、皇后さまがこう言いました。「岡部さんがはっきり言ったんですよ。歴史にスカッとするって、そんなものを求めるのはおかしいんだって」。そこにある種の歴史観の健全さを感じました。

――リベラル派にとって今の両陛下は親和性が高く、故に天皇の絶対化が進んだとも言えます。

保阪　天皇は国民にとって何なんだろう――という問いは、陛下も発しているし、私たちも発しなきゃいけない。江戸時代は権力と権威をきちんと分立する形をとった。逆に最低だったのが昭和十年代で、国民と天皇の間に軍が入って自分たちの権力の下支えに使った。

それに対する批判のない平成の政治家のメンタリティー（精神性）と、代議制の下で彼らを支えているという恥ずかしさがわれわれにある。しかし、両陛下が一生懸命カバーしてくれたということになれば、「何でも天皇頼みかよ」ということを感じますね。陛下の発言が政治的でないとは思わない。発言の（許される）範囲というのは私なりにあり、それを超えた場合、やはり批判しなければならないと思う。

――報道全体から天皇制に対する批判精神が失われていると感じますか？

半藤　失われていると言えば失われているんでしょうね。でも、メディアの若い人は本当に歴史を勉強していないですね。

――いよいよ皇太子さまが新天皇に即位されます。

半藤　今年の歌会始の陛下のお歌「贈られしひまはりの種は生え揃ひ葉を広げゆく初夏の光に」に「初夏」とある。初夏とは五月一日なんですよ。勝手読みだけど、退位はするが後は大丈夫だという確信が自分の中にあるという歌ではないか。坂口安吾※は「堕落論」に天皇は平和、文化を守るべきだと書いている。陛下もそう思っていて、間違いなく受け継がれていくだろうと詠んだのでしょう。

保阪　結局、息子とその妻がどういう天皇、皇后になるのかを確認したいがための退位でしょう。逝去と即位が一体化しない今回は冷静に代替わりを考える機会になるんだろうと思いますね。

※サイパン慰霊…当時の天皇、皇后両陛下は二〇〇五年六月、戦後六十年に当たり太平洋戦争で激戦地となった米国自治領・サイパン島を訪問された。戦没者慰霊だけを目的とする初の海外訪問だった。両陛下は米軍に追い詰められた在留邦人が、崖から海へ身を投げた「バンザイクリフ」で深々と頭を下げた。米国人、韓国人、現地住民の慰霊碑も訪れ、犠牲者を悼んだ。

※岡部長章…東京帝大文学部卒業後、帝室博物館（現・東京国立博物館）に研究員として入る。一九三六年三月～四六年四月に昭和天皇の侍従を務めた。四五年八月九日や十五日は当直勤務が当たっており、終戦直前の重要局面で昭和天皇へ間近に接した人物の一人。戦後は京都外語大教授などを歴任した。

※坂口安吾…一九〇六～五五年。作家。東洋大学文学部卒。三一年に発表した短編小説「風博士」で新進作家としての地位を固めた。四六年発表の評論「堕落論」は、敗戦で大きく変わった世相を冷徹な目で観察し、堕落が人間の本質であると指摘。天皇制についても「極めて日本的な政治的作品」と論じるなど、坂口の思想を決定づける代表作となった。

平成と皇室の歩み

1989年	1月	昭和天皇が逝去、天皇陛下即位。平成と改元
	4月	消費税導入
	6月	中国・北京で天安門事件発生
	11月	ベルリンの壁崩壊
	12月	米ソ首脳がマルタ会談。冷戦終結
		日経平均が3万8000円台に
90年	6月	礼宮さまと川嶋紀子さんが結婚、秋篠宮家創設
	10月	東西ドイツ統一
	11月	陛下の即位を内外に宣言する即位礼正殿の儀。大嘗祭
91年	1月	湾岸戦争勃発
	6月	雲仙・普賢岳噴火で大火砕流発生
	12月	ソ連崩壊
92年	8月	日経平均が1万5000円割れ
	9月	カンボジアPKOに陸自派遣部隊出発
	10月	両陛下が訪中
93年	6月	皇太子さまと小和田雅子さんが結婚
	8月	細川護煕・非自民政権が発足。55年体制崩壊
94年	1月	政治改革4法成立。衆院に小選挙区比例代表並立制導入
95年	1月	阪神大震災
	3月	地下鉄サリン事件
98年	8月	北朝鮮がミサイル実験。一部は三陸沖に着弾
2001年	9月	米中枢同時テロ
	12月	皇太子家の長女、愛子さま誕生
03年	1月	陛下が前立腺がんの摘出手術
	3月	イラク戦争勃発
04年	7月	宮内庁が雅子さまの病名を「適応障害」と公表
06年	9月	秋篠宮家の長男、悠仁さま誕生。皇室に男性誕生は41年ぶり
08年	9月	リーマン・ショック
09年	3月	日経平均がバブル崩壊後最安値の7054円に
	9月	鳩山由紀夫内閣発足。政権交代
11年	3月	東日本大震災、東京電力福島第一原発事故
12年	2月	陛下が心臓冠動脈バイパス手術
	12月	第2次安倍晋三内閣発足。政権交代
15年	9月	安全保障関連法成立
16年	8月	陛下が退位の意向をにじませたビデオメッセージ公表
17年	6月	陛下の退位を実現する皇室典範特例法が成立
	12月	皇室会議で陛下の退位日を19年4月30日と決定
18年	6月	初の米朝首脳会談
19年	2月	陛下の在位30年記念式典
	4月	陛下が退位
	5月	皇太子さまが新天皇に即位

明治150年「薩長史観」を超えて

二〇一八年二月二十〜二十三日掲載

二〇一八年は明治百五十年。安倍晋三首相が今国会の施政方針演説を維新の話題から切り出すなど、明治時代を顕彰する動きが盛んだ。維新を主導した薩摩（現鹿児島県）、長州（現山口県）側の視点で「明るい時代」と明治期をたたえる「薩長史観」は根強い。来年四月末に平成が終わり、改憲の動きが活発化する時代の節目に、半藤さん（87）は保阪正康さん（78）と語り合った。

米国の仲介で薄氷を踏む形で講和に至った日露戦争について、半藤さんは大正、昭和の軍人に正しい戦史が伝えられなかったと指摘。司馬遼太郎さんの「坂の上の雲」では「正しい戦史は資料として使われなかった」と話し、人気小説がノンフィクションと思われていることに懸念を示した。「太平洋戦争は維新時の官軍（の地域出身者）が始めて賊軍（の地域出身者）が止めた。これは明治百五十年の裏側にある一つの事実」と強調した。

保阪さんは「日露戦争の本当の部分が隠蔽《いんぺい》された。昭和史を追うとそこに行き着く」と指摘。日清戦争で国家予算の一・五倍の賠償を取り、軍人は味をしめたと述べ、「日中戦争初期の停戦工作が不調に終わったのも政府が賠償金のつり上げをやったから」と分析。「軍部に強圧的に脅され、昭和天皇は皇統を守る手段として戦争を選んだ。太平洋戦争の三年八カ月を一言でいうと『悔恨』。今の陛下はその苦しみを深く理解しているはずだ」と語った。

日露戦争

小説と全然違う

――「明るい明治、暗い昭和」という歴史観を持つ人が多い気がします。日露戦争を描いた司馬遼太郎※さんの「坂の上の雲※」の影響もあるようです。生前の司馬さんと交流があった半藤さんはどう捉えていますか？

半藤　日露戦争後、陸軍も海軍も正しい戦史をつくりました。しかし、公表したのは、日本人がいかに一生懸命戦ったか、世界の強国である帝政ロシアをいかに倒したか、という「物語」「神話」としての戦史でした。海軍大学校、陸軍大学校の生徒にすら、本当のことを教えていなかったんです。

海軍の正しい戦史は全百冊。三部つくられ、二部は海軍に残し、一部が皇室に献上されました。海軍はその二部を太平洋戦争の敗戦時に焼却しちゃったんですね。司馬

さんが「坂の上の雲」を書いた当時は、物語の海戦史しかなく、司馬さんはそれを資料として使うしかなかった。

ところが、昭和天皇が亡くなる直前、皇室に献上されていた正しい戦史は国民に見てもらった方がいいと、宮内庁から防衛庁（現防衛省）に下賜されたんです。私はすぐ飛んでいって見せてもらいました。全然違うことが書いてある。日本海海戦で東郷平八郎がロシアのバルチック艦隊を迎え撃つときに右手を挙げたとか、微動だにしなかったとか、秋山真之《さねゆき》の作戦通りにバルチック艦隊が来たというのは大うそでした。あやうく大失敗するところだった。

陸軍も同じです。二百三高地の作戦がいかに

ひどかったかを隠し、乃木希典《まれすけ》と参謀長を持ち上げるために白兵戦《はくへい》と突撃戦法でついに落とした、という美化した記録を残しました。日露戦争は国民を徴兵し、重税を課し、これ以上戦えないという厳しい状況下でしたが、米国のルーズベルト大統領の仲介で、なんとか講和に結び付けたのが実情でした。

それなのに「大勝利」「大勝利」と大宣伝してしまった。日露戦争後、軍人や官僚は論功行賞で勲章や爵位※をもらいました。陸軍六十二人、海軍三十八人、官僚三十数人です。こんな論功行賞をやっておきながら国民には真実を伝えず、リアリズムに欠ける国家にしてしまったんですね。

爵位を得るため

保阪　昭和五十年代に日米開戦時の首相だった東条英機《ひでき》のことを調べました。昭和天皇の側近だった木戸幸一がまだ生きていて、取材を申し込みました。なぜ、東条や陸海軍の軍事指導者はあんなに戦争を一生懸命やったのか、と書面で質問しました。その答えの中に「彼らは華族になりたかった」とありました。満州事変の際の関東軍司令官の本庄繁は男爵になっています。東条たちは、あの戦争に勝つことで爵位が欲しかった。それが木戸の見方でした。

当たっているなあと思いますね。何万、何十万人が死のうが、天皇の名でやるので自分は逃げられる。明治のうその戦史から始まったいいかげんな軍事システムは、昭和の時代に拡大解釈され肥大化したのです。

※司馬遼太郎…一九二三～九六年。坂本龍馬を主人公とした「竜馬がゆく」、幕末を舞台にした「峠」「翔ぶが如

く」など、歴史上の人物や出来事を描き「国民的作家」と呼ばれた。「街道をゆく」などのエッセーでも文明批評を展開した。

※坂の上の雲…司馬遼太郎さんの歴史小説。陸軍の秋山好古《よしふる》と海軍の真之兄弟と俳人の正岡子規《しき》が主人公。陸軍の乃木希典第三軍司令官や海軍の東郷平八郎連合艦隊司令長官らも登場し、日本が日露戦争でロシア軍を破るまでを英雄的な視点で描いた。明治百年の一九六八年に産経新聞で連載が始まった。

※爵位…明治憲法下では公家や大名の家系の他、明治維新の功労者や実業家など、国家に功績があった者は「華族」という特権的な身分とされた。栄典として公爵、侯爵、伯爵、子爵、男爵という五等の爵位を授与された。一九四七年、現憲法施行により廃止された。

軍事主導

――明治から、大正、昭和にいたる歴史の連続性をどう考えますか？

保阪　日露戦争の本当の部分が隠蔽されてきました。昭和史を追いかけるとそこに行き着きます。明治を高く評価する人は、日本人には良質な精神があると言いたいのだと思うけれど疑問です。日本には選択肢がいくつもあった。皇后さまが言及した「五日市憲法」※のように、日本各地で自主的な憲法案が八十いくつもつくられた。しかし、選んだのは軍事主導体制で帝国主義的な道でした。

司馬遼太郎さんが「坂の上の雲」で書いているのは、国家の利益に庶民がどう駆り出され、尽くしたのか、という物語です。明治百年の首相は佐藤栄作氏。安倍晋三首相の大叔父です。明治百五十年は安倍首相です。ともに山口県（長州）選出。今から百年後の歴史家には、百五十年たっても薩長政府が影響力を持っていたと書かれますよ。隠された史料や視点を拾い上げ、もう一度史実の検証をするべきだと思うんです。

薩長が権力闘争

半藤　結局、明治政府ができてから西南戦争までの間は、天下を長州が取るか、薩摩が取るかという権力闘争でした。江戸幕府を倒したが、どういう国家をつくろうという設計図が全くなかった。薩摩も長州もね。

保阪　日清戦争で国家予算の一・五倍の賠償を取り、軍人は戦争に勝って賠償を取るのに味をしめました。日露戦争でも南樺太など、いくつかの権益は得ました。第一次世界大戦でも。日中戦争初期の停戦工作が不調に終わったのも、要は政府が賠償金のつり上げをやったからです。

――明治政府は、国民統合のために天皇を持ち出しました。国家の機軸に天皇を置いて立憲君主国家をつくりました。

皇統を守る手段

保阪 明治百五十年を起承転結で考えると、一番分かりやすいのが、明治天皇が「起」、大正天皇が「承」、昭和天皇が「転」、今の天皇陛下が「結」。昭和を語るキーワードの「天皇」「戦争」「国民」は、みな二面性を持っています。天皇は戦前は神格化された存在で、戦後は象徴であり人間天皇。国民は臣民から市民、戦争は軍事から非軍事です。

あえて言えば、天皇というのはどの時代も皇統を守ることを目的としています。目的があれば手段があり、例えば今は宮中で祈る、国事行為を一生懸命するということですが、戦前は戦争も手段だったんですね。昭和十六（一九四一）年四月から十一月までの日米交渉の記録を読んでください。御前会議、大本営政府連絡会議※、閣議、重臣会議などの記録を丹念に読むと、軍部は天皇に対して「戦争をやらなきゃだめだよ。この国はつぶれるよ。皇統は守れないよ」と強圧的に昭和天皇を脅していることに気付きますね。それで昭和天皇は「戦争しかないのか」と手段として戦争を選んだんです。三年八カ月の太平洋戦争の間をひと言で言えば「悔恨」でしょう。皇統を守る手段として昭和天皇は戦争を選んだ。今の天皇はこの苦しみを深く理解しているはずです。

※五日市憲法…明治初期に、国会開設を求める運動の中で全国各地で起草された民間憲法私案の一つ。東京・多摩地方の五日市町（現あきる野市）で一八八一（明治14）年に起草された。基本的人権が詳細に記されているのが特徴。自由権、平等権、教育権などのほか、地方自治や政治犯の死刑禁止を規定。一九六八年、色川大吉東京経済大教授のグループが旧家の土蔵から発見した。

※大本営政府連絡会議…戦時に陸海軍を一元的に進めるため、大本営と政府代表の間で設置された連絡調整機関。日中・太平洋戦争では、一九三七年に設置された。四四年七月に小磯国昭内閣が成立した後は最高戦争指導会議に改組された。

天皇

――明治憲法※下の天皇の位置付けは？

半藤　西南戦争が終わってから新しい国づくりを始めたときに、プロシア（ドイツ）かぶれの山県有朋《やまがたありとも》※や周りを囲んでいた優秀な官僚が軍事国家体制をつくります。明治憲法が発布される明治二十二（一八八九）年より十年も先にです。歴史に「もし」はありませんが、大久保利通※が暗殺されていなければ、こうはならなかったと思います。英仏米などを歴訪し、軍事を政治の統制下に置く、今で言うシビリアンコントロールを学んでいましたから。憲法が制定される前から、日本は軍事国家として歩き出していたんですね。

だから、憲法の中心に天皇を置くのと同じように、軍事のトップに大元帥※としての天皇を置いたわけです。明治憲法で天皇と軍事を扱う項目は大ざっぱにいうと二つだけです。「天皇は陸海軍を統帥する」「陸海軍の編成と予算を決定する」。大元帥陛下をトップに立て、一方に憲法の定めるところの内政と外交を主に見る天皇陛下がいる。天皇と大元帥の二つが一つの人格の中にあった、と考えると非常に分かりやすい。

平成は政治と災害

――来年四月末に天皇陛下が退位し、明治以降、四つ目の元号である平成も終わりを迎えます。

保阪　平成のキーワードは「天皇」と「政治」と「災害」だと思っています。五五年体制が崩壊し、衆院に小選挙区比例代表並立制が導入され、阪神大震災が平成七（一九九五）年に起きました。今の陛下は二つの側面を持っています。戦没者の追悼と慰霊という公的行為は昭和の清算。もうひとつは象徴天皇という形を何のサンプルもない中でつくったことです。

国民の痛み理解

半藤　昭和天皇は幼少期から軍人教育を受け、十一歳で陸海軍少尉になった。軍人なんですよ、根は。四十四歳の時に戦争に負けて象徴天皇になったといっても、どういう天皇であるべきかは残念ながらなかなか理解できなかったと思います。

それを受けた現在の天皇陛下は、私より三歳下ですが、十一歳の時に戦争に負けて自分の戦争体験はなくても、国民がいかに悲惨な目に遭ったかをよく知っているんです。象徴天皇とは何かを、おやじさんから教えを受けたわけではないんです。皇后さまとともに真剣に考えてつくりあげていったと思うんですね。

かなり歴史を勉強されている方ですから、軍事国家の大元帥、ならびに天皇というのは、どうにでも使われちゃうから危険だということを分かっていると思います。自分は国民統合のために一番良いと思う象徴天皇の形をつくった。これを何とか残し、次の時代も続けることが、皇統を守るためにも一番良い、元気なうちに皇太子さまに譲って、それを見届けたいというのが、今度の退位の動機でしょう。

保阪　自民党の改憲草案は、天皇を元首と位置づけています。天皇自身の意思を考えず、政治家の都合のいいように扱っていいのか。山県や伊藤博文がやった明治憲法と同じじゃないかと指摘できます。意思なんか持つな、存在するだけで良い、というなら、それはそれで論理は成り立つけど、天皇陛下は「それは嫌だ」と二〇一六年八月のビデオメッセージで明かしたわけだから、根本にあるものは黙視できる問題ではありません。

※明治憲法…大日本帝国憲法。伊藤博文らが起草し、一八八九年に発布された。プロシア（ドイツ）の立憲君主制を範とした。天皇を神聖不可侵な元首で統治権の総攬《そうらん》者と位置づけ、陸海軍の統帥や宣戦、講和などの大権を有した。一九四七年、新憲法の施行に伴い効力は消滅した。

※山県有朋…一八三八～一九二二年。幕末～大正期の軍人、政治家。長州出身で、松下村塾に学ぶ。維新後は西欧の軍制を学び徴兵制の導入に尽力。天皇制の下での軍人の心構えを説いた「軍人勅諭《ちょくゆ》」を起草させた。首相辞任後も元老として大きな影響力を持った。

※大久保利通…一八三〇～七八年。薩摩出身。西郷隆盛とともに討幕運動の指導者となり、新政府では全国の藩が所有していた土地と人民を朝廷に返還する版籍奉還《はんせきほうかん》などを主導し中央集権体制を構築した。七七年には西南戦争を鎮圧したが、批判的な士族に暗殺された。

※大元帥…明治憲法下で陸海軍の統帥者としての天皇。

教訓

追い詰めるのは危険

――北朝鮮による弾道ミサイル発射や、核実験など軍事挑発が続いています。安倍政権は安全保障環境の厳しさを強調しています。

半藤　北朝鮮に元に戻れというのは無理でしょう。昭和史を勉強すればするほど分かるが、ある程度のところで凍結して話し合うべきだ。一番やってはいけないのは石油を止めて追い詰めること。旧日本軍のように「だったら戦争だ」となる。そういう教訓があるんだから、話し合いの席に導き出すような形に早くするべきで、いわんや安倍さんが言うように圧力一辺倒なんてとんでもない話だと思います。

保阪　半藤さんの議論に基本的に賛成なんですが、あえてもうひとつ別な視点を付け加えると、弾圧する側とされる側は、かなり相似形の組織をつくる。今の北朝鮮は、かつて日本の軍国主義が植民地にしていたわけで、金日成《キムイルソン》の統治は日本のまねをしているという感じはしていました。「絶対王政」が二代三代と続き腐敗していく中で、最終的に人民反乱が起きるのは歴史の教訓なんだけども、今のところ起こりそうもないですね。

――国際社会の歴史から教訓は得られますか。

半藤　日本が一九三一年に満州事変を起こすのですが、その直前の二九年に世界恐慌が起きて、それまで世界の平和をリードしていた米国が、アメリカファースト（米国第一）になって内向きになった。欧州各国も続き、日本はチャンスだと満州事変を起こした。同じことを今やっているんですよ、世界は。

対話ルート必要

保阪　二〇〇二年、小泉純一郎元首相が訪朝しました。「行って話をしてくる」という姿勢を示したのは、一つの見識だったと思う。話し合いのルートをつくっていかないと。

それさえ拒否するとなると、戦争しかないという方向を許容するのか。そういうことになるんだと思うんです。

――戦争を始めても終わらせることは難しい。

保阪　開戦前の大本営政府連絡会議で戦争終結に関する腹案というのが了承されています。主観的願望を客観的事実にすり替えている内容で、これが戦争前の日本のすべての判断の根幹にありました。エリート軍人は無責任で、まったく国民のことを考えていない。多くの軍人に会い、官僚の体面の中で始められた戦争だということを徹底的に知った時、彼らは日本の伝統や倫理、物の考え方の基本的なところを侮辱したんだ、その責任は歴史が続く限り存在するんだということを次の世代に伝えたいですね。

半藤　この年になって「世界史のなかの昭和史」という厚い本を出します。海軍中央にいたのは全部、親独派です。親米派はおん出されている。親独派はほとんどが薩長出身者です。ほんとなんですよ。陸軍も親独派はだいたい薩長です。戦争をやめさせた鈴木貫太郎※（終戦当時の首相）は関宿《せきやど》藩、三国同盟に反対した元首相の米内光政《よないみつまさ》※は盛岡藩、元海軍大将の井上成美《しげよし》※も仙台藩で、薩長に賊軍とされた地域の出身者です。日米開戦に反対した山本五十六《いそろく》も賊軍の長岡藩。賊軍の人たちは戦争の悲惨さを知っているわけですよ。だから命をかけて戦争を終わらせた。太平洋戦争は官軍が始めて賊軍が止めた。これは明治百五十年の裏側にある一つの事実なんですよ。

※鈴木貫太郎…一八六八～一九四八年。日清、日露戦争に参加し、連合艦隊司令長官や軍令部長を歴任。昭和天皇の侍従長を務めた際、親英米派と目され、二・二六事件で襲撃を受け瀕死《ひんし》の重傷を負う。敗戦直前の四五年四月に七十七歳で首相となり、軍部の主戦論を退け、ポツダム宣言受諾へ導いた。

※米内光政…一八八〇～一九四八年。軍人、政治家。連合艦隊司令長官などを務め、海相として日独伊三国同盟に反対。四〇年に首相を務めたが、陸軍の抵抗で内閣は瓦解した。四四年から再び海相を務め、終戦と戦後処理に当たった。

※井上成美…一八八九～一九七五年。海軍兵学校長、海軍次官などを歴任。米内光政、山本五十六と並ぶ親英米派で、日独伊三国同盟に反対した。戦後は神奈川県の三浦半島に隠せいし、地域の子どもに英語を教えて暮らした。

分断と格差の世界　歴史から学ぶものは

二〇一七年三月三日掲載

二〇一七年一月に就任したトランプ米大統領は、自国第一の姿勢を見せ、ポピュリズム（大衆迎合主義）の波は欧州にも押し寄せた。時代状況をどう読み解けばよいのか。半藤さん（86）と保阪正康さん（77）が対談した。

半藤さんは第一次世界大戦の惨禍を受け、ウィルソン米大統領が国際連盟の設立やパリ不戦条約の締結に尽力した後の情勢との共通点を指摘。「（三代後の）フーバー大統領の下、いっぺんに米国ファーストになった。欧州の国々も追従して国際連盟は力を失った。各国が保護主義的になった隙を縫って台頭してきたのがドイツと日本だった」と語った。

保阪さんは「デモクラシーの後にファシズムがやってくる。それが二十世紀の鉄則」と述べ、現在の日本のメディア状況について「再びジャーナリズムが国家の宣伝要員になりつつあるのではないか」と懸念した。

半藤　米国が保護主義的な方向に向かって転換したことは過去にもありました。第一次大戦終了後、ウィルソン米大統領が先頭に立って、平和主義に基づく世界秩序をつくり直そうと、国際連盟の設立に尽力しました（米国は不参加）。昭和三（一九二八）年には、米仏が中心となってパリ不戦条約※を作り上げた。しかし、昭和四年、ウォール街で大暴落が起きます。

フーバー大統領※の下、いっぺんに米国ファーストになるんですよ。欧州の国々もそれに追従して、だーっと引っ込み、国際連盟は力を失います。人の事なんて構ってられない、と各国が保護主義的になった隙を縫って、台頭してきたのがドイツと日本なんです。ウィルソンが国際連盟を提唱して引っ込むまで八年間。核兵器なき新しい新秩序を築こうとしたオバマ大統領も八年間。理想を目指して米国がリーダーシップを取るのはもう嫌なんですかね。どの国も米国にならって「自国オンリー」になると、国連は全然力がなくなりますよね。かつてのヒトラーのナチス・ドイツと軍国日本のように、黙ってチャンスを狙っている国があるんじゃないか。歴史に学ぶと、転換点は見えてきます。

保阪　デモクラシー（民主主義）の後にファシズム（独裁主義）がやってくる。それが二十世紀の鉄則です。結論を出すのが遅いとか、利益分配がうまくいってないじゃないか、とデモクラシーの悪い面を言いだすと、自国ファースト、オンリーという考え方が出てくる。デモクラシーが疲弊すると危ない。ファシズムはいつもデモクラシーの後を影のように付いてくる。僕はトランプ大統領を見ていて、米国の地肌が出てきたなと思いますね。

半藤　フーバーが出てきたとき、米国の失業者の数がすごいんですよ。フーバーが進めたのは、米国オンリー、米国ファースト。貿易的には保護主義。軍事外交的には孤立主義でいくと。

保阪　米国の地肌が出るのは経済です。トランプ氏が出てきたときは、相当に国民が食えない状態だと思った。米国は持てる者と持たざる者の階層が対立している。市場にすべてを任せ、小さい政府でいい。そういう新自由主義的なことが全部、瓦解《がかい》していると思うのね。

戦後、占領期に学んだ米国のデモクラシーを「戦後民主主義」と呼んできた。米国

型のデモクラシーの本質は強い者が勝つということ。セーフティーネット（安全網）も政府がシステムとして張るんじゃなくて、お金を稼いだ慈善家が受け持つ。負けた者は徹底的に負ける社会。オバマ前大統領が進めた医療保険制度の改革はセーフティーネットですが、あんなものはいらないっていうことでしょう。トランプ氏の就任は、米国型デモクラシーだけが民主主義と思ってきた日本人が、頭を入れ替える好機だと思う。

ジャパニーズデモクラシーが何か。賛否はあるだろうけど、昭和天皇が「人間宣言」に入れた「五箇条の御誓文」※も一つの日本デモクラシーの形でしょう。

自由民権運動の中で生まれた私擬憲法案※「五日市憲法草案」について、美智子皇后が「近代日本の黎明《れいめい》期に生きた人々の、政治参加への強い意欲や、自国の未来にかけた熱い願いに触れ、感銘を覚えた」と語ったことがあります。

驚いたことに私擬憲法は日本全国で六十いくつもあった。私たちの国は健全な民権制度が育つ素地があるんですよ。それがアメリカンデモクラシーだけがデモクラシーだと思い込んで進んできた。

半藤　「歴史は繰り返す」というアナロジー（類推）にしちゃうのはよくないし、そうならないでほしいと思っているけど、第一次大戦後の世界の動き方を勉強すると、今の世界と非常によく似ていると思います。

でも、違う点もある。保護主義、孤立主義といっても、人と人の交流はかつてとは全然違う。グローバリズムは否定されていくかもしれないが、簡単に消すことはできないと思う。その点は希望は持てる。多くの人が日本から外国に行き、向こうからも来ている。

来年は明治維新から百五十年。政府はお祭りですよ。メディアもそれに乗っかるでしょう。日本は立派な国で、明治の精神を取り戻そうなんて妙なことを言いだしそうです。

昭和三年の張作霖《ちょうさくりん》爆殺の時は、新聞社が批判したからうまくいかなかったんですよ。それで、昭和六年の満州事変までの間に軍部が何をやったかといえば、新聞社の幹部を呼んで、片っ端から酒を飲ませて親密な関係をつくった。見事に籠絡《ろうらく》されてしまった。

保阪　新聞紙条例や新聞紙法※など、政治による管理が進むプロセスを見ると、結局、最後のところで問われたのは、普遍的なジャーナリストなのか、国家の宣伝要員なのかということです。日本のジャーナリズムは戦前、国家の宣伝要員という道を歩いた。戦後になると、権力批判が新聞の役割だと意気込んでやってきたが、この七、八年を見れば、ジャーナリズムは国家の宣伝要員になりつつあるなあ、というのが正直な印象です。

国家の宣伝要員になったときのメディアに接する時は、私たちが知恵を持たなきゃいけない。鵜呑《うの》みにすると、国家にうまく利用されてしまうだけだから。

※パリ不戦条約…第一次世界大戦後の一九二八年、パリで締結。国際紛争を解決する手段として、締約国相互の戦争を放棄、平和的手段で紛争を解決すると規定した。

※ハーバート・フーバー…一八七四～一九六四年。三十一代米大統領（共和党）。農産物・工業製品に幅広く高関税をかける保護貿易政策が、世界恐慌を深刻化させた一因とも指摘される。三二年の大統領選挙で民主党のフランクリン・ルーズベルトに敗れた。

※五箇条の御誓文…明治天皇が宣言した明治新政府の基本方針。「広く会議を興し、万機公論に決すべし」「上下心を一にして、盛に経綸《けいりん》を行ふべし」などの五か条。

※私擬憲法…明治憲法制定前に民間で起草された憲法案。国の憲法制定の動きに呼応して、自由民権運動側から多くの草案が出された。植木枝盛《えもり》の「日本国国憲按《こっけんあん》」、千葉卓三郎の「五日市憲法草案」などが有名。

※新聞紙法…日刊新聞、雑誌の取り締まりを目的とした法律。発行時の内務省や検事局への納付を定めた。安寧秩序を乱し、風俗を害すと判断された場合には発売頒布を禁止し、発行人、編集人を禁錮・罰金の刑とするなどの規定があった。一九四九年に廃止。

論客対談

半藤一利 with
田口ランディ
古川隆久
中西 進

施行60年　試される憲法

二〇〇七年五月三日掲載

岐路に語り合う

日本国憲法が施行されて三日で六十年。還暦を迎えた最高法規が今、大きな岐路に差し掛かっている。安倍晋三首相は改憲の手続きを定める国民投票法の早期成立を図り、次期参院選ではその是非を問うと語った。高まりつつある改憲機運をめぐり、私たちは何を考えるべきなのか。苦い戦争体験を経た〝昭和の語り部〟である半藤さんと、人間のありようを冷静なまなざしで見つめ続ける田口ランディさん。東京都内のホテルで二人の作家が語り合った。

◉田口ランディ（たぐち・らんでぃ）

一九五九年、東京都生まれ。作家。二〇〇一年に「できればムカつかずに生きたい」で婦人公論文芸賞を受賞。「コンセント」「モザイク」「富士山」「リクと白の王国」など、作品は米国、イタリア、シンガポールなど海外でも翻訳出版されている。オウム死刑囚との交流を描いた「逆さに吊るされた男」「水俣　天地への祈り」など、社会問題や宗教をテーマにした作品や旅行記、ノンフィクションなども多く手掛ける。

半藤　僕の戦争体験から話しますと、終戦を迎えたのがちょうど十五歳。新潟県の長岡の中学校三年生でした。その前に東京大空襲で家を焼かれ、危うく死にかけた。人を助けようとして中川に落ちちゃって、川向こうの人の舟にひょいと助け上げられたんです。川岸では赤ん坊を抱いてうずくまっていた奥さん方が火をかぶり、あっという間に燃えるのが見えた。どうにもならない。

それから疎開して茨城県の下妻中学で勤労動員です。ある朝早くからおじさんと釣りに行った帰りに、二機のP51（戦闘機）が飛んでいく。「敵だ、敵だ」なんて言いながら土手の上を歩いてたら、機首がこっちを向いた瞬間に撃ってきて腰を抜かした。土の柱が立つぐらい、ババババッと機銃弾が突き刺さりました。

そういう怖い思いを散々したし、人が焼け死ぬのを目の前で見たから、発布された時はいい憲法だと思いましたよ、心の底から。戦争放棄という大理想が本当にいい。うちのおやじは「世界の歴史を学んでくりゃ、戦争のない時代なんかあるものか。こんな憲法は改正されるよ」と言ってました。僕は「そんなことない。絶対に守られる」と言い合ったのを覚えてます。

日本国憲法前文

日本国民は、正当に選挙された国会における代表者を通じて行動し、われらとわれらの子孫のために、諸国民との協和による成果と、わが国全土にわたつて自由のもたらす恵沢を確保し、政府の行為によつて再び戦争の惨禍が起ることのないやうにすることを決意し、ここに主権が国民に存することを宣言し、この憲法を確定する。そもそも国政は、国民の厳粛な信託によるものであつて、その権威は国民に由来し、その権力は国民の代表者がこれを行使し、その福利は国民がこれを享受する。これは人類普遍の原理であり、この憲法は、かかる原理に基くものである。われらは、これに反する一切の憲法、法令及び詔勅を排除する。

日本国民は、恒久の平和を念願し、人間相互の関係を支配する崇高な理想を深く自覚するのであつて、平和を愛する諸国民の公正と信義に信頼して、われらの安全と生存を保持しようと決意した。われらは、平和を維持し、専制と隷従、圧迫と偏狭を地上から永遠に除去しようと努めてゐる国際社会において、名誉ある地位を占めたいと思ふ。われらは、全世界の国民が、ひとしく恐怖と欠乏から免かれ、平和のうちに生存する権利を有することを確認する。

われらは、いづれの国家も、自国のことのみに専念して他国を無視してはならないのであつて、政治道徳の法則は、普遍的なものであり、この法則に従ふことは、自国の主権を維持し、他国と対等関係に立たうとする各国の責務であると信ずる。

日本国民は、国家の名誉にかけ、全力をあげてこの崇高な理想と目的を達成することを誓ふ。

田口　本当にホッとなさったでしょうね。私がその時代に生きてたら、どれほどうれしかったことか。もう家族が戦争に行って死ぬことはないんだ、空襲におびえることはないんだと。もともとこの憲法は日本と米国が共同でつくりましたよね。戦争放棄は米国にとっても都合が良かった。そうすることで日本を抑え込もうと思ったんでしょうね。

半藤　米国が一番悩んだのは、象徴天皇制を日本国民が受け入れるかどうかだったんです。天皇を戦争責任者として裁かないで、日本人が大事にし

ている皇室の存続を認める代わりに、世界のどこにもない「戦争の放棄」を日本がのむという取引だったと思うんです。ところが、昭和天皇は「それでよろしい」と聖断を下した。マッカーサーと昭和天皇との会談が十一回あるんですが、マッカーサーは「この憲法は陛下のご協力がなければできませんでした」と言い、昭和天皇は「これは日米の協力でできた憲法です」と。ということは、日米の協力でできた憲法だとも言えます。

もう一つ言えば、昭和二十一年に女性の参政権を認めた衆院選があり、新しい議員たちによって日本が米国案を土台につくった憲法草案はものすごく論議されたんです。当時の憲法担当相の金森徳次郎さんは千三百六十五回、答弁に立ったというくらいです。

時の日本人が選んだ議員諸君が本気で討議して完成した憲法なんです。周りは焼け野原だし、焼けた死体が川にポカッと浮いたりする時代です。戦争の悲惨さが生きてる時代だから、平和の尊さには皆がもろ手を挙げて賛成したんだと思います。

戦後復興に九条が貢献

田口　一九九六年にベトナムに旅行に行った時、ホーチミンの大学生と仲良くなってビールを飲みながらいろんな話をしました。皆よく勉強していて「民主化するぞ」って燃えていた。で、しきりに「日本はすごい」ってほめるんです。「戦争に負けたのに復興して経済大国になった。これからは日本が手本だ」って。その時、私が「日本には戦争を放棄するという憲法があって、もう戦争しないと誓ったんだ」と言うと、全員が「えーっ、うそだろ」って信じてくれないんですよ。

半藤　外から見ると自衛隊がありますからね。

田口　私たちが戦争を放棄している、そういう憲法を持っていることはアジアでもあまり知られてないんだって、ちょっと意外な感じでしたね。

半藤　日本の平和憲法を今の若い人たちは知らないかもしれませんが、少なくとも東南アジアの上の人たちは皆知ってますよ。私たちが思う以上に世界は知っていて、大事に思っている。日本はそれを、発言力を強めたいばっかりに目的も何だか分からないまま変えて、強い軍隊をつくるなんて。どっから発想が出てくるのか。米国が突き付けた三つの原則、象徴天皇制と主権在民と戦争放棄。これを「押し付けられた」という改憲論者が多いんだね。そしたらね、主権在民はやめるのか、象徴天皇制はやめるのかということなんです。

田口　仮に押し付けられたとしましょう。でも、押し付けられた九条のおかげで、その後の歴史が大きく動き、社会情勢が変わって「軍隊を持て」と言われても、「できないんです」って言い訳が立った。そのおかげで日本はどんどん復興したわけですね。

半藤　一つも命を落とさずに、誰も殺さずに済んでいるんですよ。

憲法には二つの側面があります。日本という国の理想の表現が一つ、もう一つは政府を縛るものだということです。

田口　国家権力の安全装置ですね。この働きが一番大事だと思ってます。

半藤　政府の在り方をきちっと規制するための法です。前文には日本が生きていくための理想が描かれていて、条文は理想を実現するための手段です。ところがね、改憲論者は「今までの理想はアンシャンレジーム（旧式の制度）だからいらない。変えちまえ」と思ってるんでしょう。手段を先に出して、理想は悪文だから捨てちゃおうなんて。自民党の新憲法草案は、九条を変えて戦争に行ける国にすることだけが目的なのかと思えるほど、そこだけ注意を払って書いてある。手段を目的にして、理想を

外すなんてとんでもない。安倍さんたちは、明日の国家の在り方として、どんな理想を追求するのか一切語ってないんですよ。

軍隊持つと金がかかる

田口　それはひきょうですよね。

半藤　ひきょうです。

田口　私、ある雑誌にお願いされて、すごくまじめに憲法前文を書いたことがあるんです。今の前文を一生懸命に読んだらわりといいんですよ。なのでそこに「国会議員と国家公務員は誠心誠意、国民のために働かなければいけない」と付け足しました。

半藤　それが大事なんです。今の憲法にも「おまえたちはこの憲法を守って、しっかりと働け」と書いてあるんですが、為政者は皆あんまりそっちには目がいかない。

田口　そうなんです。ちょっと存在感が薄いのでもっと強調しなきゃと思って。私は護憲でも改憲でもない現状維持派ですが、国民が国家権力から、より守られるように改憲するという方向はありだと思いますね。

半藤　さらに政府を縛る。非常にいい。それが憲法の精神ですからね。

田口　今、改憲派が護憲派より説得力を持っているのは、あたかも現実的と思えることをおっしゃるからなんですね。北朝鮮や中国との関係にしても危機的とは思えないけど、「将来を想定して軍隊を持った方がいい」とか「守るだけじゃやられちゃうんじゃないか」とか言われれば、庶民としては「もっともだなあ」という気持ちになる。

それに対して、護憲派は「平和」。「戦争はしない」という理想論で対抗しちゃう。私たち戦後世代にとって平和は目的じゃなく、実に退屈な現実なんです。戦後の混乱期とは違い、今や平和は実体のない、目に見えない抽象概念なんですよ。それを目的にするのは難しい。

半藤　確かに九条と現実の食い違いを言われると、どう答えようかと迷うところはあります。日本人の戦後は国家の根本のところでうそをついてきた、日本国民の精神の上で国家のうそを認めるようではいけないからすっきりさせよう、とね。が、九条を変えると、国家の全部が変わってしまう。失うものがすごく大きい。手段のために目的を誤っちゃいかん。

田口　その点は、矛盾のない方向に合意の上で持っていくことは必要だと思います。信頼できるリーダーの下でできるならその方がいい。でも今はリーダーを信用してませんから。こんな大事なことは任せられない。

やっぱり一番心配なのはお金のことです。改憲派が絶対に言わないのは「軍隊を持つとすごく金がかかるぞ」ということ。でもこれが庶民には一番大事でしょ。米国はイラク戦争で数十兆円も使っています。で、とても貧乏になったから「日本もちょっと金出してよ。軍隊出してよ」と。改憲派は、それくらいお金がかかるということを黙っている。これは税金ですよ。日本は九条のおかげで、かなり出費を抑えられているんじゃないかな。

半藤　太平洋戦争前の日本の軍事費は、昭和十四、十五、十六年と国家予算の半分以上を占めたんです。それで国民に耐乏を強いた。今の政府は僕たちの生活を維持しながら、強大な軍隊を持って国際社会と渡り合おうと思ってるんでしょ。そんなのできっこない。だからお金のことは、何も言わないんですよ。

もう一つ大事なことを言うと、九条を変えて強力な軍隊を作るなら、軍令をキチンとしなきゃいけない。軍令とは統帥権です。統帥権には独断専行があり得る。いちいち政府に問い合わせて軍隊を動かすことなんてできませんから。これから大事になるのは「軍隊からの安全」です。クーデターを起こせるのはどこの国でも、武器を持つ軍隊だけでしょ。そういう微妙な問題を抜きにして九条を改正し、強大な軍隊を持って国際社会のイニシアチブを取りたいなんて、日本民族の悲劇ですよ。

田口　私ね、高校を卒業して東京に出てきて、新聞専売所でまかないをしてたんです。あとは転々とバイト生活。今で言う最下層のフリーターですね。女なので若いころは、ほとんどホステスをして生計を立てていた。このままじゃダメだ。自分が社長なら学歴は問われないと思って、バブル期に会社を作っちゃう。

それがうまくいって三十代には中流に成り上がったんですが、人間って恐ろしいもので手に入れた生活を守りたいんですね。もう嫌なんですよ、あの生活は。「貧困層救済のためにおまえが損をしろ」と言われたら、正直うーんって思っちゃう。自分が最下層だったくせに。ずるいって思うけど。

半藤　それが人間なんですよ。下に降りたくない。手放したくない。

田口　それが格差社会の根本にある。自分の生活水準にしがみついている裕福層がいる限り、格差はなくならない。私が悪いんです。ごめんなさい、です。

それで改憲か護憲かでいくと、これはイメージなんですが、護憲派は貧乏人の味方に見えるんです。ちょっとプチブル層から見ると、自分の既得権を脅かしそうな人々に見えるんです。今、護憲派への共感度が下がってると言われるでしょ。護憲派の意見があまり好かれないのは、正義で人を責めるからですよ。戦争はよくないと真摯《しんし》に語るけど、社会悪とか政治腐敗を暴いたり、弱者救済の活動をなさっているリベラルな方々が発言すると、無責任で裕福な自分が責められている気分になるんです。

護憲の正義　人を責める

半藤　私はたった一人で「九条を変えない会」をやってますが、確かに皆同じことを言いますね。そういう意味じゃ強圧的な、道徳的な感じを与えます。

田口　一方で、フリーターのような不安定な若い人たちには、今の社会に対して「裏切られた」感とか、「損した」感がある。「一億総中流」といわれた時代があったでしょ。皆が大学教育を受けられるようになって、格差が見えないまま成長しちゃう。大学を出て初めて、意識と現実のギャップにびっくりして挫折感を味わう。「おれ、ちゃんと勉強したし、学歴あるじゃん。なのに報われない」って。こういう人たちには、自分の生活だって守りたいはずの護憲派の正義で人を責める言葉が腹立たしいんです。それは私、感覚としてわかる。「ネット右翼」といわれている若い人たちも似た感じですね。彼らは非常に攻撃的で、改憲を唱えてリベラルを批判したりするんです。でも実際に会うと、大変おとなしくて頭がいい。だからブログでも言葉を操れる。

半藤　不信感があるんだね、どうも。田口さんより上の戦前生まれの世代は、アカ（共産主義者）というものに対してものすごい毛嫌いがある。それを僕が一番感じたのは、安倍さんの「美しい国へ」という本。あの本の基調は昔でいうアカ嫌いなんですね。安倍さんに言わせれば、護憲派はアカなんですよ。

田口　そういうイメージをうまくつくってますね。まるで護憲派が勝ち組の既得権を脅かすみたいに。だから、裕福に暮らしている人は今の政権でいいと思っているし、中流から落ちた人はいつかセレブに、と夢見ている。格差をなくす動きは、なかなか支持されない。

半藤　これは僕の勝手な論ですが、国家には一つの機軸を基にして国民統合というか、アイデンティティーというか、一緒になって働けるものがあると思うんです。明治時代の国家の機軸は立憲天皇制。国家目標は富国強兵。日本人は日露戦争に勝ってうぬぼれ、アジアの民を見下すようになった。機軸も「立憲君主制じゃもの足りない」となり、天皇親政による「現人神《あらひとがみ》が統《す》べたもうところの世界に冠たる大国家」へと変えた。国家目標はアジアの盟主です。そのまま国は滅びましたね。

戦後の機軸はやはり憲法ですよ。国家目標は初めは復興、それから再建、そして文化国家。ところが、食えないことはつらかったんですね、経済大国へと変わった。そうやって戦後日本をつくってきたというのが私の実感なんです。

それが今、ちょうど日露戦争後の日本と同じように、飽き足りない。日陰の子でなしに、世界に対して堂々たる発言権が持てる国家になりたいという思いが、日本人に生まれだした。昭和の初めと非常によく似ている。明治の国家をつくった苦労も日露戦争の悲惨さも知らず、連戦連勝の栄光だけをしょった官僚や軍人がリーダーになって、昭和が突然変ぼうしちゃう。

今また同じです。いい時に生まれ、大した苦労もなく育った人たちが国家をリードしている。当時も、「リセット欲望」をしょった若い人々が「閉塞《へいそく》感を打破しない限り、平等にならない。革新だ」と言いだした。今は「改革」、昔は「革新」。ただ昔と違うのは、頑強なる戦争体験者という壁がある。その意味じゃなかなか歴史通りには動かないと思いますが。

美しい言葉　むしろ警戒

田口　まだ二、三十年しか生きていない若い人たちには、歴史が変わり続けることが分からない。目先の問題に熱くなるんです。私もそうだった。平和の話と通じるんですが、愛国心も実体のない概念でね。安倍さんたちは人の心にグサッとくる言葉をうまく選んでいる。美しい。優しい。自由。志。愛。こういう良い言葉には「ノー」と言えない心理が働くんです。でもね、形や実体のないものを目指せと言われたら、ヤバイぞと思わないとね。

半藤　非常にいいことをおっしゃる。実体のない言葉がはやるときは危ないんですね。時代の転換点には似たようなことが起きるんです。穏やかだった日本が軍事国家的になった昭和八、九、十年に今は似てるんですね。八年に教育の国家統制で教科書が変わる。強調されたのが「忠君愛国」。今は教育基本法改正。愛国心で国全体の思想を変えようなんて危なくてしょうがない。

次に情報の国家統制。新聞紙法強化が昭和八年。出版法改正が九年。今は通信傍受法や個人情報保護法。テレビの規制も動いてます。警視庁特別高等警察部の設置が七年。反骨の新聞人、桐生悠々《きりゅうゆうゆう》さんが首になったのが八年。天皇機関説※が排斥された国体明徴※の十年から先は完全に言論が封じられちゃう。

さらにテロ。五・一五事件が七年、プロレタリア作家小林多喜二の虐殺、元首相若槻礼次郎の暗殺未遂が八年、元枢密院議長一木喜徳郎《いちききとくろう》宅襲撃が十年と、山ほど起こるんです。現在は日経新聞への火炎瓶、衆院議員加藤紘一さん宅焼き打ち、元富士ゼロックス会長小林陽太郎さん脅迫などのテロが発動されてますね。そして上からも下からも、ナショナリズムがものすごく高揚される。当時の人は、これが国家をひん曲げていったとは分からなかったと思う。

田口　時代といえば昨年、広島で話題になったんですが、元安《もとやす》川に架かる元安橋のたもとに高層マンションが建ちました。売り出しの宣伝文句は「風光明媚」。入居者が原爆ドームを見下ろしながら生活するのかと思うと、被爆者の方々が切ない、と。原爆の地ですら、時代の流れはそういうことを生んでいくんですね。

『表現』の力で歴史を伝承

半藤　まさに戦争体験の継承はできないってことですね。継承って何の継承か。悲しみか、被害者意識か。皆さんが嫌いな自虐史観ですか。「日本は悪いことをしました。過ちはもうしません」というね。戦争体験は個人的なもので、自分の思いが分かってもらえるとは思いません。ただ、歴史はきちんと知っておいた方がいい。昭和史には嫌なところはありますよ、自虐的にならなくても。それでも知っておいた方がいいとしか言えない。

間もなく体験者は皆死んでいく。うそも書ける時代がすぐそこまで来ているということです。せめて、なるべくうそが交じらないものを残しておかないと。歴史は書かれない限り歴史にはならないんです。きちんと書くことは、私たちに与えられた仕事だなと思っています。

田口　本当にその通りですね。石牟礼《いしむれ》道子さんは「苦海浄土」という作品で、水俣病を文学として書き残しました。その灯に今もたくさんの人が集まって、歴史を伝承し続けているんですね。そういう力って、「表現」にはある。何もできないわけじゃない。

どんな人だって戦争は嫌いですよ。だから、今の政権では改憲されないと確信しています。国民の半分は投票権を持った女性ですよ。毎日子どもを自転車に乗せて保育園まで送って、ぎゅーっと抱きしめているお母さんたちが戦争を望むわけがない。でも、もし、若い人たちが自分のうっぷんと政治を混同しているのなら、はっきり「違う」と言います。

半藤　そこが大事です。わが娘にも「昔のことを言われても困る」と言われ、ついしかるのを忘れていたら、家内にガンガン怒られた。「あなたは身内には甘いのか」と。反省しました。大人は発言しなければいけない時には、しなければいけない。

田口　嫌われるのは覚悟でね。

※天皇機関説と国体明徴…明治憲法の解釈をめぐり、憲法学者の美濃部達吉（一八七三～一九四八年）が、国の統治権は法人である国家に属し、天皇は国家を代表する最高機関とする天皇機関説を提唱した。右派勢力や軍部はこれを「不敬な学説だ」と激しく非難。政府は一九三五年、「国の統治権は天皇にある」との国体明徴声明を出し、機関説を否定した。「明徴」は、はっきりと証明すること。

日本国憲法をめぐる動き

1900年代

45年8月15日　昭和天皇、戦争終結の詔書を放送（玉音放送）

9月2日　東京湾の米戦艦ミズーリで降伏文書調印

46年11月3日　日本国憲法公布

47年5月3日　日本国憲法施行

50年6月25日　朝鮮戦争始まる

8月10日　警察予備隊令公布

51年9月8日　対日講和条約（サンフランシスコ平和条約）と日米安保条約に調印

52年10月15日　警察予備隊を保安隊に改組

54年6月9日　防衛庁設置法・自衛隊法公布

56年10月19日　日ソ国交回復、共同宣言

12月18日　日本が国連に加盟

59年3月30日　「砂川事件」一審が「安保条約は違憲」と判断

東京都砂川町の米軍立川飛行場の拡張工事の際に基地反対派のデモ隊が侵入、日米安保条約に基づく刑事特別法違反の罪

72年4月4日　「外務省機密漏えい事件」

沖縄返還協定をめぐる極秘電文を毎日新聞政治部記者だった西山太吉氏が外務省女性事務官から入手。電文をもとに社会党議員が国会で「爆弾質問」した。西山氏は国家公務員法違反（秘密漏えいそそのかし）容疑で逮捕。「報道の自由」が争点となった一審は無罪。最高裁は、取材が真に報道目的で、手段、方法が社会観念上是認されるなら正当な業務行為としたうえで、肉体関係を持つなどした取材行為は「女性事務官の人格の尊厳を著しく蹂躙（じゅうりん）した」と断じ、有罪が確定した。

5月15日　沖縄の施政権返還（本土復帰）

9月29日　日中両国首相、共同声明に調印。国交正常化

73年9月7日　「長沼基地訴訟」で初の自衛隊違憲判決

北海道長沼町の山林に防衛庁がミサイル基地を建設しようとした際に、住民が保安林の指定解除をした処分の取り消しを

で7人が起訴された。東京地裁の伊達秋雄裁判長は「自国と直接関係のない武力紛争の渦中に巻き込まれる恐れがある」と述べ、駐留軍を憲法9条の「戦力」に該当するとして違憲とした。最高裁は「安保条約は高度の政治性を有し、一見極めて明白に違憲無効であると認めない限り審理には原則としてなじまない」と判示し、原判決を破棄、差し戻した（後に有罪）。

60年5月20日
新安保条約を自民単独で強行採決。国会周辺などでデモ隊と警官隊が衝突

10月19日
「朝日訴訟」一審が違憲判決

結核患者の朝日茂さんが生活保護の内容を争った行政訴訟。月額600円の日常品費では療養に必要な栄養が取れず、憲法25条で定められた健康で文化的な最低限度の生活などに反すると訴え一審は朝日さんの主張を全面的に認める違憲判決を出した。二審は逆転敗訴。上告中に朝日さんが亡くなり、養子夫婦が訴訟を継承したが、最高裁は継承を認めず上告を棄却した。

67年12月11日
佐藤栄作首相が衆院予算委で非核三原則を表明

長）は、自衛隊は規模、能力から、いずれも憲法9条2項の陸海空軍に該当し、違憲であると判示した。控訴審は住民に訴えの利益がないとして一審を取り消し、自衛隊の存在が憲法違反かどうかは高度に政治的な行為（統治行為）に属し、明白に違憲、違法でない限り、司法審査の範囲外にあるとした。最高裁は憲法判断せず上告を棄却した。これ以降、裁判所は自衛隊について憲法判断をしていない。

86年12月30日
防衛費がGNPの1％枠突破

91年1月17日
湾岸戦争が始まる

4月24日
自衛隊のペルシャ湾への掃海艇派遣を閣議決定（初の自衛隊海外派遣）

92年6月15日
PKO（国連平和維持活動）協力法案、衆院で可決

国連決議に基づき、停戦合意の成立後、軍の撤退監視などを担い、紛争解決を支援するPKO法の成立で、自衛隊の海外派遣の道が開かれた。1992年9月のカンボジアを皮切りに、モザンビーク、ゴラン高原、東ティモール、ネパールに自衛隊が派遣されている。

1900年代

96年7月20日 **自社さ連立政権で、村山富市首相が「自衛隊合憲」を明言**

96年4月17日 **「安保再定義」**

橋本龍太郎首相、米クリントン大統領が極東有事に対し日米安保体制の広域化を共同宣言。60年の安保改定に匹敵する大転換で、安保体制は「アジア太平洋地域の安定に寄与する」と再定義され、実質的に変更された。

97年4月2日 **愛媛玉ぐし料訴訟で最高裁が違憲判断**

愛媛県知事の靖国神社などへの支出が争点となった住民訴訟で、最高裁は玉ぐし料の奉納について「社会的儀礼とは言えず、結果的に一般人に靖国神社は特別だという印象を与え、特定宗教団体への関心を呼び起こした宗教的活動」と判断、違憲とした。判決は、靖国神社への首相の公式参拝を主張する一部の保守層から批判を浴びた。

9月23日 **日米政府、有事を想定した日米防衛指針(新ガイドライン)決定**

98年8月31日 **北朝鮮がミサイル・テポドン1号を発射、日本列島を飛び越え太平洋に落下**

2000年代

03年12月9日 **自衛隊イラク派遣の基本計画決定**

米国の強い要請を受けて、戦後60年近く続いた日本の安全保障の枠組みを変える派遣が決定。小泉純一郎首相は記者会見で「いずれの国家も、自国のことのみに専念して他国を無視してはならないのであって…」と憲法前文の一節を読み上げた。04年2月、陸自本隊がイラクに出発。約2年半、全国の師団から交代でイラク南部のサマワに派遣され、病院や学校などの施設の復旧、医療指導、給水などを実施した。治安が悪い時はゲリラ攻撃から身を守るために砂漠の「要塞（ようさい）」である宿営地に閉じこもった。作業員など延べ47万5000人の雇用を創出。「雇用を弾よけとして活用」（陸自幹部）した形で、犠牲者を出さずにイラク駐留を続けることが目的化した。陸自は06年に撤退し、空自は04～08年に空輸活動を行なった。

05年4月15日 **憲法調査会が最終報告書(衆院15日、参院20日)**

5年間の議論を経て、両院は最終報告書を議長に提出。衆院は、憲法9条につい

99年5月24日	周辺事態法等新ガイドライン3法成立、日米安保体制新段階へ
8月9日	国旗・国歌法成立(日の丸・君が代法制化)

2000年代

00年1月20日	衆参両院に憲法調査会が発足
01年9月11日	米中枢同時テロ発生
10月29日	テロ特措法が成立。自衛隊の米軍後方支援可能に
11月9日	海上自衛隊艦艇をインド洋に派遣
02年9月17日	小泉純一郎首相が初訪朝。北朝鮮が日本人拉致を認め謝罪
03年3月20日	イラク戦争開始
6月9日	有事法制関連3法成立
7月26日	イラク特措法成立

かの憲法上の措置を否定しない」との意見が多数を占めたと明記した。参院は9条改正など主要な論点での両論併記が目立ち、共産、社民両党に配慮した内容となった。

06年7月5日	**北朝鮮が日本海にミサイル発射**
12月22日	**改正教育基本法公布・施行** 「教育の憲法」が戦後初めて改定。「伝統と文化を尊重し、それらをはぐくんできた我が国と郷土を愛するとともに、他国を尊重し、国際社会の平和と発展に寄与する態度を養うこと」が条文に盛り込まれた。
07年1月9日	**防衛庁が「省」に昇格**
4月13日	**国民投票法案が衆院で可決** 憲法改正の手続きを定めた法案を与党が野党の反対を押し切って成立させた。野党は「改憲のための法案だ」として反発。最低投票率の規定がないことやスポット広告（有料意見広告）が全面禁止されなかったことなどが問題となった。

「昭和天皇実録」どう読み解く

二〇一四年九月九日掲載

一万二千ページに及ぶ「昭和天皇実録」をどう読み解くか——。半藤さん（84）は日本大学教授（日本近現代史）の古川隆久さん（52）と、実録で明らかになった新事実から宮内庁の編さん意図まで、縦横無尽に語った。

「昭和天皇実録」とは、昭和天皇の誕生から逝去までの動静、言行をまとめた年代記。国内外の公文書や元側近の聞き取りなど約三千点の資料に基づいて宮内庁が編さんした。逝去翌年の一九九〇年から二十四年余をかけて完成し、二〇一四年九月に公表された。全一万二千ページで、一部の個人情報を黒塗りにして公表した「大正天皇実録」に比べ、内容を全面公開した点に違いがある。

一九三三（昭和八）年に完成した「明治天皇紀」は、六八年から公刊され、歴史研究者に高く評価された。一方、三六年完成の大正天皇実録にも関心が高まり、二〇〇一年の情報公開法の施行後に公開請求も出されたが、宮内庁は「行政文書ではない」として不開示を決めた。

異議申し立ての結果、情報公開審査会（当時）は宮内庁側の主張を認め、不開示決定を妥当とした。

しかし、歴史的資料として順次公開するよう指摘したため、〇二〜一一年に四回に分けて公開された。ただ、学業成績や病歴などは黒塗りで、強く批判された。

昭和天皇実録は、こうした経過を受けて再検討した結果、一〇年ごろに方針を転換。黒塗りをせずに全面公開することを決めたという。情報公開法の対象となる行政文書として扱い、公開請求を待たずに報道各社に内容を公開することにも踏み切った。

天皇実録は次世代の皇室のために編さんされてきたため、完成後すぐに公表するのは過去に例がない。宮内庁は「昭和天皇の事跡を広く後世に伝えることも編さんの目的」としている。

◉日大教授　古川隆久（ふるかわ・たかひさ）

一九六二年、東京都出身。東京大学文学部卒業、同大大学院修了。横浜市立大学准教授などをへて日本大学文理学部教授。専門は昭和史を中心とした日本近現代史。著書に「昭和戦中期の議会と行政」など。「昭和天皇―『理性の君主』の孤独」で二〇一一年にサントリー学芸賞を受賞した。上皇さまの天皇退位を巡る政府の有識者会議や、安定的な皇位継承を議論する政府の有識者会議が設置された際は、いずれも専門家として意見聴取を受けている。

皇室の系図

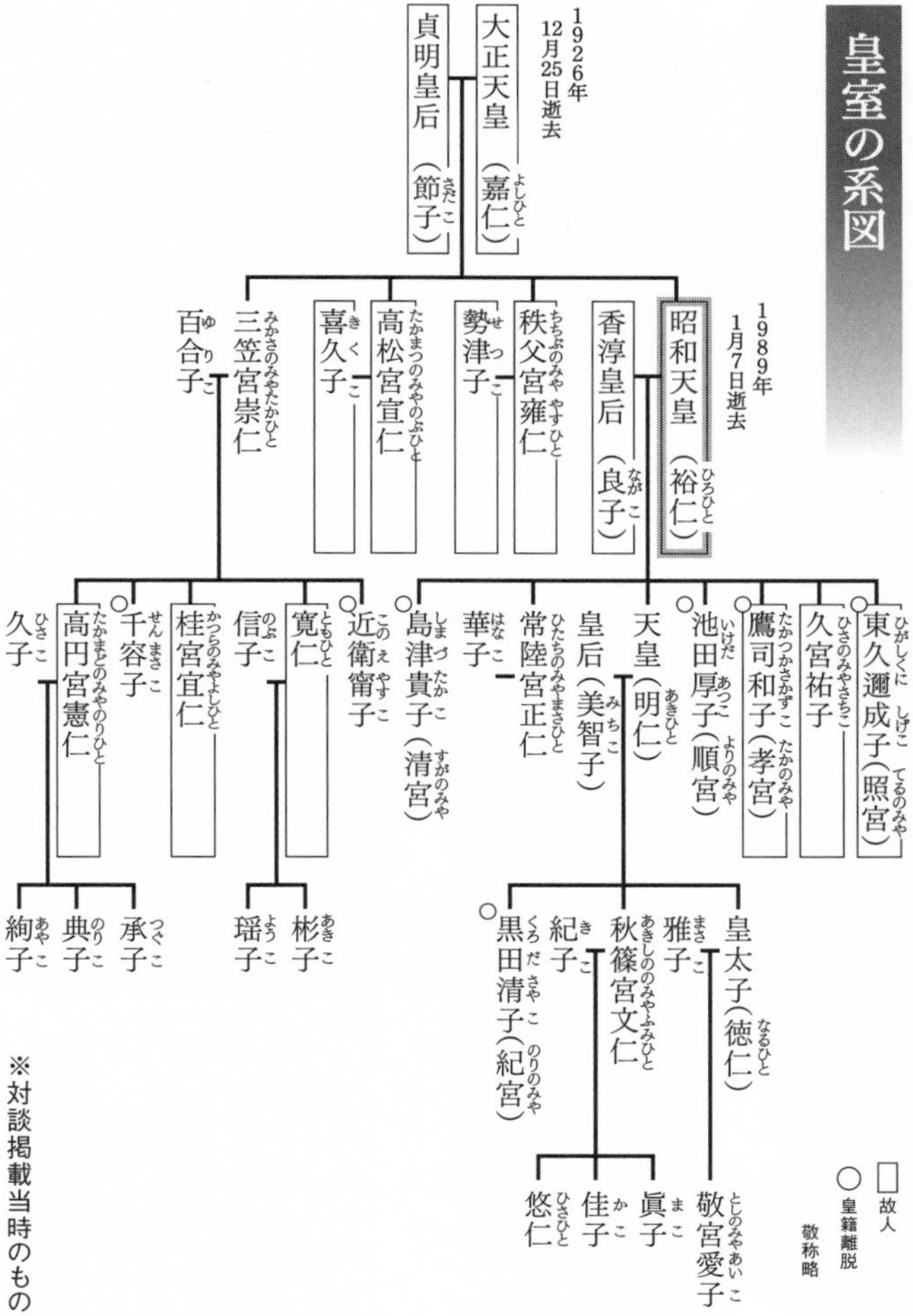

大正天皇（嘉仁《よしひと》）
1926年12月25日逝去
貞明皇后（節子《さだこ》）
昭和天皇（裕仁《ひろひと》）
1989年1月7日逝去
香淳皇后（良子《ながこ》）
秩父宮雍仁《ちちぶのみややすひと》
勢津子《せつこ》
高松宮宣仁《たかまつのみやのぶひと》
喜久子《きくこ》
三笠宮崇仁《みかさのみやたかひと》
百合子《ゆりこ》
東久邇成子《ひがしくにしげこ》（照宮《てるのみや》）
久宮祐子《ひさのみやさちこ》
鷹司和子《たかつかさかずこ》（孝宮《たかのみや》）
池田厚子《いけだあつこ》（順宮《よりのみや》）
天皇（明仁《あきひと》）
皇后（美智子《みちこ》）
常陸宮正仁《ひたちのみやまさひと》
華子《はなこ》
島津貴子《しまづたかこ》（清宮《すがのみや》）
近衛甯子《このえやすこ》
寛仁《ともひと》
信子《のぶこ》
桂宮宜仁《かつらのみやよしひと》
千容子《せんまさこ》
高円宮憲仁《たかまどのみやのりひと》
久子《ひさこ》
皇太子（徳仁《なるひと》）
雅子《まさこ》
秋篠宮文仁《あきしののみやふみひと》
紀子《きこ》
黒田清子《くろださやこ》（紀宮《のりのみや》）
敬宮愛子《としのみやあいこ》
眞子《まこ》
佳子《かこ》
悠仁《ひさひと》
彬子《あきこ》
瑶子《ようこ》
承子《つぐこ》
典子《のりこ》
絢子《あやこ》
□故人
○皇籍離脱
敬称略

※対談掲載当時のもの

全体の印象　一番詳しい貴重な文献

――「昭和天皇実録」をどう見ましたか。第一印象は？

半藤　ある程度私たちが知ってはいたが、これまで確認できなかった事実が、一応全部確認ができる。新しいすごいものが出たかと言われれば、それはちょっとどうか。私の昭和史の著作を訂正しなければならないことはない。これからの人が昭和という時代を知るには、すごい本だ。

――確認できた事実の中で「これは一番」というものは？

半藤　例を挙げると、一九二一（大正十）年六月、第一次世界大戦の仏ベルダンの戦場を見学している。その時に「戦争とは本当にひどい、悲惨なものだ」と話し、聞いていた陸軍武官が「腰抜けだ」と思ったというような話が伝えられてきた。天皇が「悲惨だ」と言ったのがうそでないと分かった。戦場を自分の目で見ている人と見ていない人では、基本の人間性が違う。

古川　今までの文献の中でいちばん詳しいのは確か。元資料も全部示してあり、日本の近現代史や皇室を考える手がかりとしては非常に貴重だと思う。ただ、びっくりするような話は全然ないと感じた。今までの研究者がとことん研究し、半藤先生たちのレベルが高かったことが裏付けられた。編集の一番根底には「できれば偉大な人物として評価したい」という思いがあり、戦後の記述に関しては政治的配慮がある気もする。この本を見たらそれで決まり、という使い方をしたら良くないと思う。

——抜け落ちたり、不足している部分は？

古川　有名なところでは、敗戦直後に皇太子（現上皇さま）に宛てて敗因について書いた手紙に触れていない。

半藤　なぜ入らなかったか。載せるべきだと思う。

——天皇陛下のプライバシーを配慮して載せなかったということは？

古川　そういう理屈は立つが、公開されておりみんな知っていること。載せないのは不自然だ。

幼少時代　イソップをまねて童話

——実録に描かれている昭和天皇像についてうかがいます。まず幼少時代や皇太子時代は？

半藤　私たちが知らない話がたくさんあります。子どもの時から相撲が好きだったが、自分で好きな動物の「動物番付」を作っている。歴史に大変興味があり、豊臣秀吉や明智光秀に関心を持っている。「二心を持った人間は嫌いだ」と言ったくだりがあり、非常に潔癖。信頼の置けない人間は嫌いだということは、子どもの時から徹底していた。イソップ物語が好きで、自分で「裕仁《ひろひと》新イソップ※」という物語を作っているんですねえ。

古川　おもしろかったのは、やんちゃな面が見えること。友達の影響で汚い言葉を使って注意されたり、視察時の態度が悪いので注意されたり。日記をつけていたということも実録でちゃんと出てきた。公開されて、教育や御学問所をどう受け止めていたか、わかったらおもしろい。

半藤　最初から軍人として育てられた天皇は昭和天皇だけで、十一歳で陸軍少尉兼海軍少尉になる。だんだん軍人としての教育が入っていく。

古川　船で外国へ行く遊びを盛んにやっている。外国へ行きたいという気持ちを幼少期から抱いていたのが、後の外遊につながったと痛感した。外国語を最初から習っている天皇も初めて。「外国を訪問して通用する天皇を育てる」というのは、かなりの眼目だったと思う。だから、周囲の風潮が次第に排外主義に変わると、違和感を抱いたのだろう。

※裕仁新イソップ…昭和天皇は十歳のころ物語を創作。第一作の「海魚の不平」では、ホウボウやタイなどの魚が集まって、他の魚の才能をねたみ自身の不遇を嘆くのを、目の退化したウナギがたしなめる内容で「自分よりも不幸な者の在る間は身の上の不平を言ふな」との訓言を付記している。

二・二六事件　四十回以上側近を呼ぶ

――即位後で印象に残ったところは？

半藤　二・二六事件に注目して読みました。内容そのものは本庄《ほんじょう》繁侍従武官長の日記に書かれているが、天皇に呼ばれた回数が実録に出てきた。四日間で四十回以上も呼ばれており、天皇が事件を重視して指示したり、様子を聞いたり、本気で取り組んだのが分かります。

古川　戦中期で興味深かったのは、一九三九（昭和十四）年十月に、戦争で中断していた進講（専門家らによる天皇への講義）を再開する際、百武《ひゃくたけ》三郎侍従長と話し、最近の「京都学派※」のような哲学的ではなく、科学的な歴史の話が聞きたいとか、新しい経済学は嫌だとか言っている。

京都学派というのは、日本が中心となったアジアの国際秩序や日中戦争を肯定する考え方。「新しい経済」は、物資の計画増産など統制経済を指すはず。昭和天皇はそうした観念的、独善的な考え方でなく、客観的な認識を得て自分の政治に生かしたいとの思いがあり、当時の風潮から距離を置き、冷めた目で見ていることが端的に表現されている。百武は研究者がノーマークだったので、百武日記の発見は実録の最大の成果だと思う。

半藤　陸軍は昭和天皇を軽んじていますね。昭和天皇は「天皇機関説」をかなり認めており、それが陸軍の耳に入っている。私の推論だが、陸軍の勝手な解釈では、天皇が機関ならオーナー会社みたいなもので、社長を代えるのは差し支えない、気にくわない社長は代えた方がいいと考えたのではないか、と。実録を読むと、かなり陸軍内にそういう考え方があっ

二・二六事件を鎮圧するため、雪の中、日比谷公園付近を行進する部隊＝1936（昭和11）年2月

たのではないか。

古川　「天皇絶対」という国の形を決めてしまったことに出発点があり、「天皇は本来こういうものだ」という基準みたいなものが勝手につくり上げられるような論議があり、それに合わない天皇は違うという陸軍の論理が立ってしまう。だからもっと天皇らしい人に代えてしまえばという話が出てきてしまうので、たぶんもっと根深い問題がある。でもそのようなことが、これを読んでいても見えてこない。

※京都学派…哲学者の西田幾多郎《きたろう》京都帝大教授（一八七〇～一九四五年）と門下生、影響を受けた学者の総称。西洋、東洋両哲学の融合で独自の思想形成を目指した。戦前は「東洋中心主義」に傾き、日本のアジア支配正当化に利用された。

太平洋戦争　原爆投下　重くとらえ

——開戦の記述は？

半藤　一九四一（昭和十六）年九月六日の御前会議で、天皇は「よもの海」という明治天皇の歌を読み上げ、戦争より交渉で何とかできないかとの意思を示したことが、あらためて分かった。

古川　全く新しい事実がある気はしなかった。杉山元《はじめ》参謀総長のメモには、天皇に「絶対和平」と言われた後、「説得しなくては」などと書いてあるが、そういう生々しいところはカットされています。

広島に投下された原爆のきのこ雲=1945年8月6日（米軍撮影）

半藤　昭和天皇は四五年八月、阿南惟幾《あなみこれちか》陸相に「終戦後の『国体※』については自信があるから、心配しなくていい」という意味のことを言ったと、阿南陸相の義弟から聞いた。

実録を見ていたら、天皇は短波放送をよく聞いており、「皇室保持」という米英の考えは伝わっていたのではないか。

古川　いろいろな情報が集まってくる中で、自分自身の責任は別として、皇室は存続できると思っていたのでは。

――終戦を決断した「聖断」の部分はあまり新しい記述がなかった。

古川　今まで以上のことは分からなかったということではないか。

半藤　降伏を決定づけたのは広島の原爆か、ソ連参戦かが議論になる。両方なのだろうが、実録を見ると天皇は原爆をかなり厳しく受け止めています。

古川　原爆投下の段階では、ソ連仲介ですぐ戦争をやめようと思い、ソ連が参戦して仲介を頼めなくなったという二

日中・太平洋戦争の日本人犠牲者

軍人・軍属		230万人
主な地域別	フィリピン	51万8000人
	中国（旧満州を除く）	46万6000人
	中部太平洋（サイパンなど）	24万7000人
	沖　縄	9万4000人
民間人		80万人

※厚生労働省と沖縄県調べ、軍属は軍で働く民間人

段階ではないか。

※国体…一般的には国家の状態を指すが、戦前は天皇を頂点とした国家統治とその体制を意味した。文部省が一九三七年に発行した書物「国体の本義」は、国体を「大日本帝国は万世一系《ばんせいいっけい》の天皇が永遠に統治する」と説明し、不可侵で絶対不変のものと定義した。

戦争責任　自問自答したのでは

半藤　連合国軍総司令部（GHQ）のマッカーサー最高司令官には、昭和天皇は十一回会っている。戦後日本の非常に大事なところだが、記述が少なく残念でした。

――実録には、二〇〇二（平成十四）年に外務省が出した一回目の会見録が載っている。しかし、二回目以降は具体的発言はほとんどない。

半藤　例えば日本国憲法について、マッカーサーが「これこそ理想なんだから大事にしなくてはならない」と言い、天皇も「百年、二百年とこれは残るでしょう」と応じたと新聞は書いていています。そういうのが全然出なかった。

古川　ただ出典には書いてあります。想像するに「本文には書きにくい」が、出典を載せることによって「隠蔽《いんぺい》はしていない」という処理をしている。名前を載せた資料は存在を公開したのだから、情報公開の対象になるだろう。昭和天皇は歴史上の人だから、当時の侍従日誌などを私的な文書だとして公開拒否するのは良くない。

半藤　戦後の退位論は、知っている範囲で言えば三回。終戦直後の木戸幸一内大臣の日記に「退位して」という言葉があるが、一番の問題は東京裁判が結審した一九四八（昭和二十三）

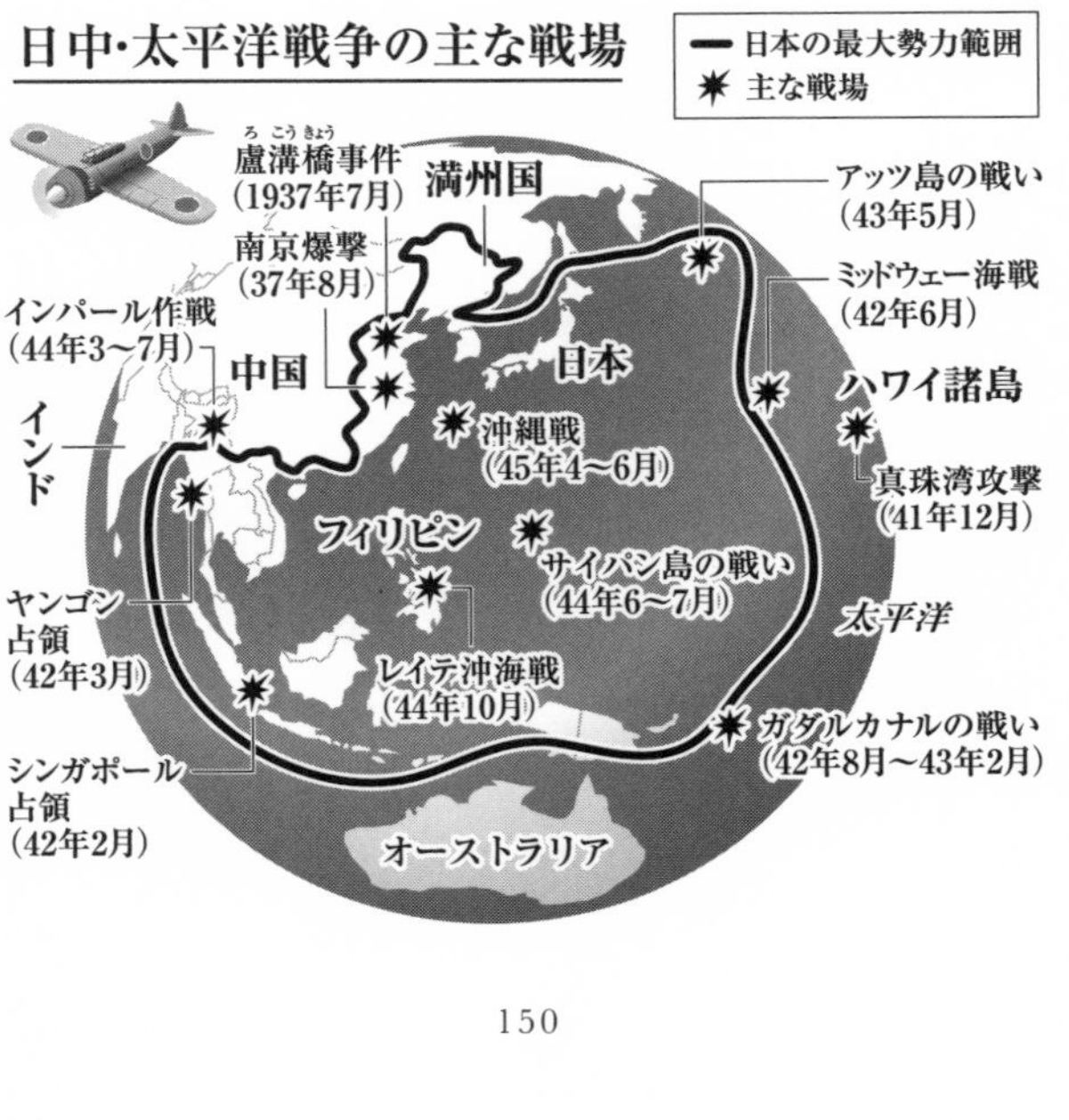

年初頭。ジャーナリズムで退位論が流れ、外国でも出た。その後、退位の意思のないことを書いた天皇の手紙を側近がＧＨＱに届けたなどとされる。いずれも、実録に記載がなかった。

古川　私は、退位論は比較的踏み込んで書いていると思う。マッカーサーへの手紙の内容は触れていないが、出典は示してある。戦争責任論という言葉は出てこないが、退位を考えているということは、責任を考えているということ。そこに触れることで、責任を重く考えていたことを記している。

――昭和天皇が戦争の前後を回顧して側近に語った内容をまとめた「拝聴録《はいちょうろく》」について、宮内庁は所在不明と言っているが。

古川　今回、最大のミステリーはここ。引用文献として出てこないが、ある時期まで拝聴録が存在したのは間違いない。

半藤　宮内庁は出したくないんだと思う。

古川　卜部亮吾《うらべりょうご》侍従の日記には、昭和天皇が亡くなった後に捜したらなかったと書いてあります。

半藤　拝聴録には個人への批判が書いてあり、プライバシーを意識しているのかもしれないが、気にしなくてもいいのではないか。昭和五十年代になっても直しているから、大事にされていた。本当にないのかな。

——拝聴録を何度も作っている意味は？

古川　自分のやったことはあれで良かったのかと、自問自答していたのではないか。思い出すきっかけはしょっちゅうあったはず。

半藤　戦争責任をずっと考えていたのは、昭和天皇だけだと思う。あとの人は忘れてしまった。

——実録で意外だったのは、米軍による沖縄占領継続を昭和天皇が希望した発言に触れていることです。終戦の二年後、宮内庁の寺崎英成御用掛《ごようがかり》がその希望をＧＨＱに伝えたことが、ちゃんと記されています。

古川　新事実ではないが、他の項目での遠慮ぶりに比べると突出しており、私も「へーっ」と思った。

半藤　昭和天皇が倒れたとき、「沖縄に行かねばならなかった」という言葉をメディアは報じた。沖縄戦の犠牲者のことだけでなく、米軍駐留を自ら言い出したことに対しても、沖縄の人に謝らなければならないとの思いが、あの一言にあったのでは。

――現在の両陛下（現上皇ご夫妻）が、沖縄の慰霊を引き継いでいる。

古川　現陛下は昭和天皇に直接聞いて行動されているのではないか。実録以外の資料と照らし合わせると、現陛下の沖縄訪問時の言葉は、昭和天皇を相当意識している。昭和天皇が訪問してもう少し踏み込んで謝りたかったのを、代わりに果たしているというところは非常にある。

――沖縄の占領政策は、昭和天皇自身の考えだったのか？

古川　昭和天皇の「鶴の一声」で占領政策が固まったとは思わないが、日本が共産主義国になるのは良くないと思っていた。そこに、米軍駐留の動きがあるならそうしてほしいと。米国はまだ迷っている段階だった。

歴史の検証　出典公開努力を

――靖国神社参拝については記述は控えめだ。参拝を控えるようになった経緯を記した富田朝彦《ともひこ》元宮内庁長官のメモの存在は記しているものの、内容は記述していない。

古川　相当政治的に配慮した結果ではないか。一部の論者はメモ自体の信ぴょう性を疑うが、宮内庁は現物を確認していると思う。

――今後の昭和史研究への影響は？

半藤　「明治天皇紀」は文語体だったが、今回は口語体。一般の人にも読めて非常に良い。

古川　ほとんどの記述は機械的で、一般の人が読むのはつらいのでは。しかも、その読み解き方は何も指示されていない。公開方法は、ネットの方が便利でいいが、本になるメリットもある。この実録が金科玉条にならないためには、出典の公開の努力をしてほしい。歴史的資料として、情報公開請求をしなくても見られるようにすべきです。

半藤　宮内庁書陵部《しょりょう》は本当に見せないからね。

――国民的財産のはずですが？

古川　出典まで載せ、資料があると認めているなら、皆がアクセスしやすいようにするのは当然です。

昭和天皇の生涯と主な出来事（網掛け部分は皇室関係）

年月日	出来事
明治	
34年（1901）4月29日	皇太子嘉仁親王（大正天皇）第一男子として誕生
5月5日	迪宮裕仁親王と命名
35年1月30日	日英同盟ロンドンで調印
37年2月10日	ロシアに宣戦布告　日露戦争始まる
38年9月5日	日露講和条約（ポーツマス条約）調印
39年5月4日	幼稚園課業を開始
41年4月11日	学習院初等学科入学
43年8月22日	韓国併合に関する日韓条約調印
45年7月30日	明治天皇逝去（59歳）により皇太子嘉仁親王即位（32歳）大正と改元
大正	
元年9月13日	明治天皇大喪
	乃木大将夫妻殉死
3年4月2日	学習院初等学科卒業
7月28日	第一次世界大戦始まる
4年1月18日	中華民国に二十一カ条要求
11月10日	大正天皇、京都御所で即位の大礼
5年11月3日	立太子礼
7年11月11日	第一次世界大戦終わる
8年5月7日	成年式
6月10日	久邇宮邦彦王第一女子良子女王との婚約内定を公示
9年1月10日	国際連盟発足
10年3月3日	軍艦香取で訪欧出発
11月25日	摂政就任
12年9月1日	関東大震災
12月27日	帝国議会出席途中に狙撃される（虎ノ門事件）
13年1月26日	良子女王と結婚、赤坂離宮が東宮仮御所に
14年12月6日	第一女子照宮成子内親王誕生
15年12月25日	大正天皇逝去（47歳）し即位（25歳）昭和と改元
昭和	
2年2月7日	大正天皇大喪
3月15日	金融恐慌始まる
5月28日	第一次山東出兵
9月10日	第二皇女子久宮祐子内親王誕生
3年2月20日	第十六回総選挙（最初の普通選挙）
3月8日	久宮死去
6月4日	奉天（現・瀋陽）で張作霖爆殺事件
11月10日	京都御所で即位の大礼
4年9月30日	第三皇女子孝宮和子内親王誕生
10月24日	世界恐慌
6年3月7日	第四皇女子順宮厚子内親王誕生
9月18日	満州事変起こる
7年1月8日	警視庁前で乗車の馬車に手投げ弾受ける（桜田門事件）
5月15日	五・一五事件、犬養首相射殺される
8年3月27日	日本が国際連盟脱退を通告
12月23日	皇太子継宮明仁親王誕生
10年2月18日	貴族院で美濃部達吉博士の天皇機関説問題化
11月28日	第二皇男子義宮正仁親王誕生
11年2月26日	二・二六事件、斎藤内大臣ら殺害される
12年7月7日	日中戦争始まる
13年4月1日	国家総動員法公布
14年3月2日	第五皇女子清宮貴子内親王誕生
9月1日	第二次世界大戦始まる
15年9月27日	日独伊三国同盟調印
11月10日	皇居前での紀元二千六百年記念式典出席
16年12月8日	対米英宣戦布告、太平洋戦争始まる
17年6月5日	ミッドウェー海戦で日本敗れる
18年10月13日	照宮、東久邇宮盛厚王と結婚
19年10月25日	レイテ沖海戦で神風特攻隊初出撃
20年3月10日	東京大空襲
4月1日	米軍が沖縄本島上陸（6月23日・沖縄戦終結）
8月6日	広島に原子爆弾
8月9日	長崎に原子爆弾
8月15日	「終戦の詔書」（玉音放送）
9月2日	米艦ミズーリ号上で降伏文書調印
9月27日	マッカーサー元帥を初訪問
11月18日	連合国軍総司令部（GHQ）皇室財産凍結指令
21年1月1日	年頭詔書で「人間宣言」
2月19日	地方巡幸始まる
4月10日	新選挙法による第二十二回総選挙　婦人にも参政権
5月3日	極東国際軍事裁判所開廷

昭和

- 21年5月12日 〝米よこせ〟デモ 皇居へ
- 11月3日 日本国憲法公布「象徴天皇」に
- 22年5月3日 日本国憲法施行
- 23年1月1日 皇居一般参賀始まる
- 11月12日 極東国際軍事裁判所、東条英機元首相らに死刑判決
- 24年7月5日 下山事件(7月15日・三鷹事件、8月17日・松川事件)
- 25年5月20日 孝宮、鷹司平通氏と結婚
- 6月25日 朝鮮戦争始まる
- 7月13日 「勅語」を「お言葉」と改める
- 26年5月17日 貞明皇后逝去(66歳)
- 9月8日 サンフランシスコ平和条約、日米安保条約調印
- 27年5月1日 皇居前メーデー事件
- 5月3日 皇居前広場の平和条約発効・憲法施行五周年記念式典で退位説を否定
- 7月19日 五輪ヘルシンキ大会に日本、戦後初参加
- 10月10日 順宮、池田隆政氏と結婚
- 11月10日 立太子礼、皇太子成年式
- 28年7月27日 朝鮮休戦協定調印
- 29年1月2日 一般参賀で死者(二重橋事件)
- 3月1日 第五福竜丸、ビキニの米水爆実験により被災
- 30年8月6日 第一回原水爆禁止世界大会広島大会
- 31年12月18日 国連総会で日本の加盟可決
- 34年4月10日 皇太子、正田美智子さんと結婚

昭和

- 34年9月26日 伊勢湾台風で死者・行方不明者五千人超える
- 35年2月23日 皇太子第一男子浩宮徳仁親王誕生
- 3月10日 清宮、島津久永氏と結婚
- 6月15日 安保阻止闘争で全学連国会構内に入る、女子学生死亡
- 6月23日 新安保条約批准書交換、発効
- 36年7月23日 長女東久邇成子さん死去(35歳)
- 38年8月15日 東京・日比谷公会堂での政府主催第一回戦没者追悼式出席
- 11月22日 ケネディ米大統領暗殺される
- 39年9月30日 義宮、津軽華子さんと結婚し常陸宮家創設
- 10月1日 東海道新幹線営業開始
- 10月10日 第十八回オリンピック東京大会開会、大会名誉総裁として開会宣言
- 40年11月30日 皇太子第二男子礼宮文仁親王誕生
- 42年2月11日 建国記念の日祝日に
- 43年10月23日 日本武道館での明治百年記念式典出席
- 44年1月2日 新宮殿初の一般参賀でパチンコ玉事件
- 4月18日 皇太子第一女子紀宮清子内親王誕生
- 7月20日 米アポロ宇宙船が月に着陸
- 45年3月14日 大阪での万博開会式出席
- 46年4月16日 広島視察、初めて原爆慰霊碑に参拝
- 9月27日 訪欧
- 47年1月24日 グアム島で元日本兵横井庄一さん発見
- 5月15日 沖縄施政権返還、日本武道館での沖縄復帰記念式典出席

昭和

- 47年6月24日 在位二万六千六百十九日となり明治天皇の在位日数を超え新記録
- 9月29日 田中首相訪中、日中共同声明に調印し国交回復
- 48年10月6日 第四次中東戦争始まる(石油ショック)
- 49年3月10日 ルバング島で元日本兵小野田寛郎さん下山
- 11月19日 フォード米大統領と会見
- 50年3月10日 山陽新幹線岡山―博多間開業
- 4月30日 ベトナム戦争終わる
- 5月7日 エリザベス英女王と会見
- 9月30日 訪米
- 53年8月12日 日中平和友好条約調印
- 10月23日 鄧小平中国副首相と会見
- 56年2月24日 ローマ法王ヨハネ・パウロ二世と会見
- 59年9月6日 全斗煥韓国大統領と会見
- 60年7月13日 歴代天皇の長寿新記録
- 8月12日 日航ジャンボ機墜落事故
- 61年4月29日 在位六十年記念式典
- 62年9月22日 腸の病気で入院・手術
- 10月24日 皇太子、沖縄で戦禍を哀悼するお言葉を代読
- 63年9月19日 大量吐血、闘病始まる
- 64年1月7日 逝去

平成

- 元年1月31日 昭和天皇と追号
- 2月24日 大葬

記者コラム

簡にして要を得た話に感銘

小松田健一

半藤さんに初めてお目にかかったのは、二〇一四年一月。第二次安倍政権が一三年に制定した特定秘密保護法をどう受け止めているのか、各界の人びとの考えを紹介するインタビュー記事「言わねばならないこと」の取材だった。特定秘密保護法の本質は、政府に都合の良い情報だけをメディアに報じさせることだ、と危機感をあらわにしていた半藤さん。それは何を招くのか。「(戦前の)新聞は政府が認めた情報しか伝えなかった。多くの国民にとっては、いつの間にか米英との戦争へと突入していった」と振り返った上で、特定秘密保護法によって日本の言論界が衰退し、再び戦争への道を歩むのではないかと憂れえた。「国民主権の根源は、言論の自由だ。マスコミは萎縮せずに頑張ってほしい」。インタビューの最後にそう力を込め、私も襟《えり》を正さなければ、と強く思った。

私は半藤さんの代表作の一つ「昭和史」を愛読してきた。日本がなぜ繰り返し戦争に突き進んだのかを時系列で解き明かす著書で、読み手に分かりやすく書かれているのが特徴だ。前述のインタビュー記事の取材で初めてお会いしたとき、大きな感銘を受けたことがある。私の質問に対する答えは、まさに「簡《かん》にして要《よう》を得る」。インタビューの録音を文字に起こすと、そのまま一冊の本になるようだった。

半藤さんは文筆だけではなく、木版画を五十年以上たしなむなど、絵心も優れた方だった。新元号発表前日の一九年三月三十一日、東京・銀座で作家仲間らと開いた展覧会の会場でお会いした。平成を送り、新時代を迎えようという催しだ。半藤さんの絵は、出身地である向島から隅田川越しに眺めた浅草の風景など、優しく素朴なタッチだった。私が半藤さんにお会いしたのは、そのときが最後になった。

悲惨な過去を知る戦争体験者が年々減る中、戦争と平和を巡る日本の言論状況は大きく変化している。文藝春秋の役員を務めた半藤さんは以前、急進的な左派の人々から「保守半藤（反動）」などと揶揄《やゆ》されたという。しかし、近年は「ネトウヨ」（ネット右翼）と呼ばれる人びとから「反日」といった非難を浴びているのだ。「自分が変わった訳じゃなく、世の中がどれだけ右に振れてしまったかということですよ」と苦笑していた顔が忘れられない。

時代の流れにあらがってきた「防波堤」の一人が世を去った今、残された私たちが担う使命の重さをあらためて自覚したい。

「令和の平和」 親友対談

二〇一九年八月二十八日掲載

戦後七十四年の二〇一九年の夏、半藤さん（89）は、新元号「令和」の考案者とされる国文学者の中西進さん（90）と、「令和の平和」をテーマに対談した。二人は東京大文学部国文学科の同級生。それぞれの戦争体験に始まり、青春時代、新元号「令和」などを語り合い、平和憲法の大切さを訴えた。対談は終戦の日の翌十六日に、東京・内幸町の東京新聞で行われた。

半藤さんは昭和二十（一九四五）年三月十日の東京大空襲で、九死に一生を得た。中西さんは勤労動員先の東京・高田馬場の工場で空襲で亡くなった人々の遺体を目撃するなどした。

こうした戦争体験をベースに、二人は憲法九条の平和主義（戦争放棄）の大切さに言及。

中西さんは、憲法と聖徳太子の十七条憲法との類似を指摘し、憲法の平和主義は「深い深い身体的英知」だと話した。半藤さんは憲法が発表された時の喜びを振り返り、「これほど良い憲法はないと今もって思う」と語った。

最後に令和に語り残すメッセージとして、半藤さんは「過去を顧み、深い反省の上に立って、惨禍を繰り返さないことが大事」、中西さんは「争わないという肉体感覚が大事。それをつくるべきだ」と話した。

◉中西進（なかにし・すすむ）

一九二九年、東京都生まれ。東京大学文学部卒業、同大大学院修了。文学博士。日本を代表する国文学者で、万葉集研究の第一人者。「万葉集の比較文学的研究」（日本学士院賞）、「万葉と海彼」（和辻哲郎文化賞）、「源氏物語と白楽天」（大佛次郎賞）など著書多数。二〇一〇年、菊池寛賞受賞。二〇一三年、文化勲章受章。筑波大学教授、京都市立芸術大学長、日本ペンクラブ副会長、奈良県立万葉文化館長などを歴任し、現在は高志《こし》の国文学館長などを務める。

戦火の記憶

――八月ということで、戦争の記憶からお伺いできれば。

半藤　向島（現在の墨田区）に住んでいて、昭和二十年三月十日の東京大空襲に遭いました。危うく死ぬところで、九死に一生で助かった。目の前でたくさんの人が燃え上がって、女の人の髪がかんなくずのようにばあっと燃えるんですね。十五歳になるころです。悲惨な光景を見てもボーッとして何も感じない。後で考えると人間性を失っていたんじゃないか。

家を焼かれて移った茨城県の下妻では、戦闘機の機銃掃射を受けました。その場で腰を抜かしちゃって、十～二十センチのすぐ横の所に銃弾がダッダダッダと。これはおっかなかったです。操縦席で操縦士がにやりと笑っているのも見えて、許せない怒りが湧きました。

中西　今月、終戦の日に一句詠んだ。〈人を焼き日月《ひつき》爛《ただ》れて戦熄《いくさや》む〉。三百万人以上の命を奪ったこんな非道なことに太陽もただれ、月までやけどしてしまったに違いない。僕は杉並区に住んでいましたが、毎晩空襲警報が鳴る。

半藤　鳴りましたね。

中西　防空壕《ごう》にいたからって助かるもんじゃない。私はふてくされて寝てるんですよ。そうすると母が壕から「早く来なさい」と呼ぶ。諦めないで二時間も三時間も。これが母親というものだろうな。

そんなふうに夜が明けて、半藤さんが住んでいた東の方を見るといつまでも燃えている。その情景を詠んだのが〈名月や天涯の火は夜もすがら〉。翌日、勤労動員で高田馬場の工場に行くと、まだくすぶっていて、水栓から水がぽとぽと落ちている。その中に死体がごろごろ転がっていて。さまざまな格好をして、全部爆風で裸になっちゃうんですね。

半藤　東京大空襲は三月十日が有名ですが、中央部や城北などあと三回ものすごいのがある。終戦は新潟の長岡で迎えましたが、長岡の空襲もひどかったですね。今、長岡では慰霊のために花火を上げてますけど、見たことがない。花火嫌いなんです。焼夷弾そっくりですから。

――中西さんは短歌を始めるきっかけは「空襲の最中の悲しい出来事」にあるそうですね。

中西　勤労動員の工場で「メッチェン（ドイツ語で少女）がどうだこうだ」と仲間で話したりする。その子が住んでいるあたりが大空襲の被害に遭い、死んだらしいという話が広まる。それをまるで自分の恋人のごとく詠んだわけです。こどもだね。

半藤　私は二年生で四年生の人に淡い恋をして、工場の中でデートしてるんですよ。それをおっさんに見つかって殴られた。ラブレターを宝物にして大空襲で逃げる時もかばんに入れて背負っていたんですが、衣類に火が付いたから脱いで。燃しちゃった。

焦土の青春

中西　八月十五日は玉音放送を工場で聞いた後、帰された。家の近くにある送電線の鉄塔のコンクリートに座ってぼやーっとしていると、カラスが寄ってくるんです。カラスも終戦を感じているのかな、人を恐れない。だから終戦の日のイメージは、黒いカラスと友人になったこと。

――よく聞こえなかったという人もいます。

半藤　私はよく聞こえましたね。「堪ヘ難キヲ堪ヘ」や「万世ノ為ニ太平ヲ開カムト欲ス」くらいは聞こえ、瞬間、日本は負けて戦争は終わったというのは分かりました。大人たちに「負けたら男は全部奴隷になって連れて行かれ、女は米兵などの妾《めかけ》になる」と聞かされてたんで、これで俺たちの人生終わりだ、人生の楽しみは早いとこ味わっておこうと思って、生まれて初めてたばこを吸ったんです。

でもおやじが「バカモン」と。「奴隷にして全員連れて行く？　どれくらいの船がいると思うんだ」「妾にしたらアメリカの女の人が許すはずないじゃないか」と。ハッと目が覚めました。

中西　僕はずっと東京にいたから、惨めさは戦後の方が強い。女の全てが犯されはしなかったが、旧満州（中国東北部）ではそういうこともあったし、沖縄では今も起きている。男もシベリアに連れて行かれた。戦争体験は個人差がある。

――終戦を境に価値観が変わりました。

半藤　十月になると大人がもうみんなひっくり返りましたね。「最後の一兵まで」とぽかぽか私の頭を殴っていた人が、民主化の旗振りになった。日本の大人は当てにならない、と思った。東大は日本史学科に行くつもりだったが、周りが「皇国史観※の残党が山ほどいるからやめろ」と。

――当時から知り合いでしたか。

半藤　正直に言うとボートの選手をやっていて「(練習場のあった)隅田川大学の卒業生」と言ってよいくらい学校に行ってない。卒論を書かなくてはならなくなり、万葉集を取り上げようとしたら、級友が「やめろ、やめろ、このクラスには万葉のおばけがいる」と。それが中西さん。やむなく岩波文庫で一番薄い「堤中納言物語※」にした。

中西　僕は勉強は何もしないで短歌と俳句に熱中していた。卒論も十一月四日から書きだして、二十日までに六百枚書いた。

※皇国史観…日本を万世一系の天皇を中心とする「神の国」と位置づける自国中心の歴史観。日中・太平洋戦争期、国民を動員するために用いられた。

※堤中納言物語…平安時代後期の短編物語集。奇抜な趣向を交えて人生の断面を描く。一編のみ作者は判明しており、その他は作者と成立年代未詳。

戦後の揺らぎ

――卒業後、中西さんは研究者、半藤さんは出版界に。半藤さんの就職先は文藝春秋でなく東京新聞だったかもしれなかったとか。

半藤　本当です。試験日が同じで会場は東京新聞が中央大、文春は東大。中大がどこにあるか知らなくて、東大なら分かるから文春の会場に行った。

――中西さんは大学院のかたわら夜間高校の教員も。

中西　生徒は昼間は工員で、油まみれの作業服のまま来るんです。本当によく勉強していて、必死に生きている。そういう人間のまなざしを見たことが、教師生活の原点にあります。

――今の憲法と聖徳太子の十七条憲法との類似を指摘しています。

中西　十七条憲法※のできたのが六〇四年です。その前年六〇三年、日本書紀には「戦いをやむ」と書いてある。新羅との戦いです。一九四五年に戦争をやめて四六年に憲法をつくったのは、それをまねたとしか思えない。歴史上の政権は、ずっと十七条憲法を手本にする習慣がある。言っているのは単純で「戦争をやめよ」ということ。

――九条は「世界の真珠」とも言っていますね。

中西　中立とか無防備なんてことが一朝一夕にできるのかという疑問は当然あるが、すべきなんですよ。十七条憲法に「平和の基本は怒らないこと」と書いてある。深い深い身体的な英知があれば戦争にならない。

半藤　中西先生の話は条件を一つつけて全部納得する。私は聖徳太子はいなかったと思う（笑）。今の憲法が発表されたとき、心の底から喜びました。これほど良い憲法はないと思うのですがね。ばかにする人がいますね、最近は。

昭和史を本気で勉強したが、やればやるほど愚かな戦争をしたのは明らか。日本がなぜ侵略国といわれて東京裁判を受けなくてはいけなかったかというと、二八年のパリ不戦条約に違反したからです。満州に軍を出して、武力で自分のものにしてしまうのは、まさに不戦条約違反です。

中西　トルストイが「外交官の解決できなかった問題が、火薬と血で解決されるわけもない」（『五月のセヴァストーポリ』乗松亨平訳）と書いている。戦争は外交の失敗だと。

半藤　トルストイの思想は、陸軍は勉強しなかったと思いますね。簡単に言えば、当時の日本は今の北朝鮮のようなものです。

中西　日本が満州に権益を伸ばしていく前段階に朝鮮半島支配がありますよね。第二の朝鮮が満州なのだと。あしき拡大が根底にあるのでしょうか。

半藤　海岸線の長い日本は守りにくい国です。明治以降、南は海軍力をつけて外で守ろうとしたが、もうひとつ、北は朝鮮半島を防衛線にしようとした。今の若い人の中には植民地にしたことを知らない人もいます。反省しないのではなく、知らないんですよ。

中西　明治の最初は日本に大国意識はなかった。その後に出てくる。契機は何でしょうか。

半藤　日露戦争ですね。世界五大強国の一つ、ロシアに勝ったから、今や一等国だと言いだしたんです。日本と朝鮮半島の関係は良い時代もあるが、この時代から全然だめになりだします。

――今になってまた韓国蔑視の動きが出ています。

中西　皮膚感覚で比べれば、（昔よりは）雲泥の差で良くなっていると思います。広島の小学校にいたとき、韓国人の子が蹴飛ばされ、蔑視され、いわれない差別を受けていた。強く、差別への嫌悪感を持ちました。

※十七条憲法…推古天皇の時代、六〇四年に聖徳太子が制定したと伝えられる成文法。貴族や役人の道徳規範を示した。仏教の影響を受け、「和をもって貴しとなす」から始まるなど、和の精神を基本とした。

元号を考案？

——半藤さんの「令和」の印象は。

半藤　非常に穏やかな感情を受けました。「ナカニシススム」という知らない男は、良い名前をつけたのかなと。そのナカニシという男とは別に、「万葉の鬼」の中西さんに聞きたいのですが、令和の令は、あの時代だと「りょう」と読むんじゃないですか？

中西　そうです。

半藤　「れい」というのは、漢音※だからもっと後。あの時代は呉音※だから「りょう」と読むかと思う。あえて「れい」と読んだようですが。

中西　私は「れい」でいいと思っています。学者として言うときは「りょう」ですが。山《やまの》上《うえの》憶良《おくら》※は呉音が多いんです。やっぱり古いです。発音の仕方が。それで渡来人ではないかということになるのですが。

半藤　その続きで言えば、あの序文を書いたのは大伴旅人《おおとものたびと》※じゃなくて、憶良だと思うんです。憶良は梅花の宴※に参列してますし、唐の一番栄えてるときに遣唐使として学び帰ってきた人なんですよ。だから憶良が書いたものだと私は言いたい。

中西　これは二人とも、卒論で万葉集を出してたら面白かったねえ。僕は結論はあれは旅人だろうと。「今日はいい日で風も和らいでいる。一緒に歌を作りましょう」と言っている。それに応えて「そうですね、みんなで見ましょう」という歌を作ったのが憶良です。

和の字が昭和と重なるという声があるが、令和は昭和をグレードアップできます。「うるわしき」ですから。令が使われるのは初めて。全く新しいものばかりではなく、和の従来の価値観に依拠しながらなじむのが、運動体の自然な形でしょ。だんだん新しくしていく。

――令和を生きる人々へのメッセージを。

半藤　戦争体験のあるなしでなく、過去を顧み、深い反省の上に立って、惨禍を繰り返さないよう、お互いに頑張る。それが一番大事なんだと言い残したい。

中西　言葉の力は限界がある。だから争わないという肉体感覚、戦争のできないような精神構造が大事です。皮膚感覚としてわれわれが経験を継承していく。経験は全部別だが、恐ろしさや非人間的な事柄で共通した痛みはある。

半藤　ところで令和の関連本がたくさん出てますね。大いに潤ったんですか？

中西　聞いてみましょう、家内に。

※漢音　呉音…漢音は奈良～平安時代初期に中国の長安（現在は西安）地方で使われた音に基づき遣唐使らによって伝えられた漢字の音読み。例えば「行」をコウ、「日」をジッと発音する。呉音は漢音が伝来する前の音読みで、六朝時代の中国の呉の地方から伝わった。仏教用語で多く使われており、「行」をギョウ、「日」をニチと読む。

※山上憶良…奈良時代の歌人。「万葉集」に推定作を含む長歌十一首、短歌六十首あまりを残す。筑前守のときに注目すべき作歌が多い。

※大伴旅人…奈良時代の貴族で「万葉集」の歌人。山上憶良との文学的な交流が晩年の多作の契機となった。漢詩文の表現を意欲的に使っている。

※梅花の宴…七三〇年、大宰府（福岡県）長官の大伴旅人が自宅で梅の花を楽しむ宴を開いた。国内最古の和歌集「万葉集」巻五に、集まった役人らが詠んだ三十二首が収められている。「令和」はその序文からの引用。

- 世の中の出来事
- 中西　進さん
- 半藤一利さん

1926(年)	大正から昭和へ
29	東京で生まれる
30	東京で生まれる
31	満州事変
41	真珠湾攻撃
45	敗戦
49	東大入学
52	サンフランシスコ講和条約発効
53	文藝春秋に入社
	東大大学院入学、夜間高校の教師に
60	日米新安保条約調印
64	東京五輪
65	「日本のいちばん長い日」出版
70	「万葉史の研究」などで日本学士院賞
77	文藝春秋編集長に
89	昭和から平成へ
90	「万葉と海彼」で和辻哲郎文化賞
91	ペルシャ湾に海上自衛隊派遣
94	作家に転身
97	大阪府立女子大学長に就任
98	『ノモンハンの夏』で山本七平賞
2010	菊池寛賞受賞
11	東日本大震災
13	文化勲章受章
15	菊池寛賞受賞
19	平成から令和へ

記者コラム

詩性豊かで贅沢な時間

東京新聞（中日新聞東京本社）編集委員　加古陽治

かつて同じ学校で机を並べて学んだり、ともに部活動で汗を流したりし、今は別々の分野で活躍する二人に語り合ってもらおうと、同級生対談を始めたのは二〇一九年七月のこと。第一弾として「しなやかな反骨」をテーマに、麻布中学・高校（東京）の同級生で、ラグビー部でスクラムを組んでいた元文部科学次官の前川喜平さんと城南信金顧問の吉原毅さんに登場してもらった。

幸い好評で、第二弾をやることになった。そこで浮かんだのが、東京大学国文学科で同級生だったノンフィクション作家の半藤一利さんと、万葉学者の中西進さんだった。いずれも少年時代に戦争を経験していて、平和に特別な思いを持っている。

ならば、テーマは「令和の平和」にしよう。そう考えて手紙などで打診すると、二人とも快諾してくれた。

同年八月十六日、東京新聞（東京・内幸町）の応接室で行われた対談は盛り上がった。戦争、空襲の記憶、若き日の恋、終戦時の玉音放送、東京大学国文科時代の思い出、卒業後のそれぞれの道、戦前の日本の過ち、平和や憲法への思い……。さまざまなエピソードが飛び出し、おもしろくて深い。新元号「令和」の名付け親と言われる中西さんに、半藤さんが「『ナカニシススム』という知らない男は、よい名前をつけたのかなと。そのナカニシという男とは別に、『万葉の鬼』の中西さんに聞きたいのですが……」とわざとらしく迫ったりして、何度も笑い声が響いた。

三時間ぶっ続けで話した後、少人数で会食したときもまだ二人の楽しい語り合いは続いた。東京駅まで送って別れるとき、中西さんが右手を差し出し、「ありがとう。今日は楽しかった」と言ってくれた。半藤さんには聞きそびれたが、きっと同じ気持ちだっただろう。

それから一年五カ月後、半藤さんが他界した。東京新聞に載った追悼原稿で中西さんは、半藤さんの短歌を紹介し「すぐれた散文の内面や土台に、このような詩性《ポエジー》を秘めてこそ、細やかで人間性を見逃さない歴史叙述ができたのだ」と、友のあまり語られない美点を紹介。「お互いに『親友』と自認しつつ対談を行ったことは、本紙以外にない。そしてこれが今生における半世紀以上の交友のしめくくりであったことへの感謝は、いくら述べても、述べたりない」と振り返った。

実は中西さんもかつて歌人だった。互いに短歌という詩性の土台を持ち、人格や思想への信頼で結ばれた親友。その今生の最後の対話を、司会をしながら聞けたのは、何という贅沢な、至福の時だったのかと思う。

二つの出版社

半藤末利子

夫は長年勤めていた文藝春秋という出版社を退いてから、近代史を猛然と学び始めた。彼をしてそちらに向かわしめたのは、一歩間違えば彼を死に至らしめた、彼自身の恐ろしい戦争体験である。

一つは彼の生家を焼き盡《つく》した米軍の空爆による大火に追われながら川を目がけてひたすら逃げ惑った一九四五年三月の東京大空襲の夜である。もう一つは彼の母の実家のある茨城県に疎開した折、叔父と二人で山道を歩いていたら、突然頭上に轟音《ごう》と共に米軍戦闘機が現れ、二人目がけて低空飛行を始め、機銃掃射を浴びた時である。「あれほど恐い経験をしたことはない。今生きているのは奇跡そのものだ」と死を覚悟した十五歳の心境を後に夫は語っていた。

夫は編集者として働いていた。調べること、書くことが好きで好きでたまらず、それらの能力が要求される編集者という職業は彼には打ってつけであったと言える。

私はもう少し彼には休日に体を動かしてもらいたかった。昼も夜も机の前に座りっ放しでは肩も凝るし目にもよくない。たまには戸外の空気を吸い、思う存分体を動かす方がどれほど健康に良いだろうにと思ったことか。近くに散歩に出る時は、文房具屋か古本屋に用がある時だけだった。でも好きなことをしているとストレスを解消できるのか、夫の健康状態は頗《すこぶ》るよかった。

彼はこの頃に「日本のいちばん長い日」を書いた。問題作ではあったけれど、一編集者である若造の書いた本が高い評価を受け、売れる筈《はず》がない。結局大宅《おおや》壮一先生の名で出版され、大ベストセラーとなった（注・後に半藤一利名義に改訂）。世間には夫は大宅先生の弟子と思っている人がいる。しかし夫は師匠も要らなきゃ弟子も要らない男であった。勿論、大宅先生を尊敬していたと思うが、彼が書きたいことを書き上げるためには誰の助けも期待してはいけないのであって、彼自身で書き上げるしかないのである。それが半藤流なのである。

「日本のいちばん長い日」は映画化されて、それも大当りしたので映画会社の東宝から夫は沢山のお金を戴《いただ》いた。その頃偶々《たまたま》夫はアメリカ国務省から招待をいただいていたので、私は東宝から戴いたお金で夫に同行することができ、アメリカ旅行を楽しむことができた。

ケネディ大統領が暗殺された翌年でジョンソン政権の時であり、アメリカ全盛時代であったから豪勢な旅をさせていただいた。そのアメリカの中でも最も盛んで栄えているのは軍需産業であると夫は断言して観光地などは一切無視して、ペンタゴンをはじめとする陸海空軍の基地や士官学校などを訪れた。夫だけだが、航空母艦や原子力潜水艦（私も）にも乗せて貰った。あのアメリカでさえウエストポイントの陸軍士官学校のダイニンググルームは女人入室禁止で、私が入室したら生徒達が立ち上がって騒ぎ出したのを今でも思い出す。

この時の目新しい体験は、どれほどのちのち彼の役に立ったであろうか。彼は軍事大国アメリカの姿を冷静に見ていたと思う。

前作からそれほど日が経たぬうちに彼はやはり文春から「原爆の落ちた日」を出した。

これは当時井上ひさし氏が「前作をはるかに上まわる傑作」と絶賛して下さった。しかし売れ行きはもう一つ伸びなかった。日本人なら読むべき内容であるにもかかわらず。それが仇《あだ》となっているのであろうか。その他文春から夫は「ノモンハンの夏」「ソ連が満州に侵攻した夏」などの問題作を出している。「聖断」を出し、「漱石先生ぞな、もし」も出した。会社という所が、彼が書くのが好きだからと言って彼の書いたもののすべての印税を彼に払っていたとは思えない。何割かを下さっていたのかしら?

彼が社内の階段を少しずつ上り始めてから、風当りも徐々に強くなっていった。それは周囲の人達が上っていくのに自分だけ置いてきぼりを喰《くら》うのはもっとみじめであろうが、足の引っ張り合いがひどくなっていくのもやり切れたものではなかったのではないか。「そりゃ僕だって男ですから野心が無いわけではありません」と言う割には彼は地位や出世には恬澹《てんたん》としている男であったと私は思うが。

中でも「週刊文春」の編集長をしている頃は、彼とはまったく合わないらしく、彼が仕事に精を出せば出すほど、どんどん人相が悪くなり痩せ細っていった。しまいには私とも口をきかなくなり、玄関を出る時「死にたい」と漏らして私を脅《おび》えさせた。今晩はどこかのビルから発作的に飛び降りて帰ってこないかもしれない、と本気で私は脅えていた。夫も私も一種のノイローゼを患っていたのであろう。

一見豪放磊落《らいらく》に見えるが、夫は私より遥《はる》かに気が小さい上に繊細な神経の持ち主である。やがて「文藝春秋」の編集長になってスキャンダルが売りものの雑誌とはオサラバ出来たが、今度は会社全体、社員とその家族全員を自分の背に背負っているような重さに押し潰されそうになってもがいていた。

六十四歳の時、退社。彼は宮仕えから漸《ようや》く解放され、自分のやりたい事に突進して行った。近代史を死にもの狂いで勉強し、平凡社から「昭和史」を出した。以後精力的に昭和史シリーズを書き続けた。

「昭和史イコール半藤一利」とも「歴史の語り部」とも呼ばれた。「文藝春秋」は半藤一利という作家を生み、育ててくれた親のような存在で、平凡社は半藤を更に大きな存在に、そう、〝スター〟に押し上げてくれた存在ではなかろうか。つまり大プロデューサーである。私は二社に心から感謝している。二社は半藤の大恩人であるから。

半藤さんの言葉を受け継ぐ

東日本大震災が起きた翌年、東京新聞は「原発事故取材班」の報道が評価され、第六十回菊池寛賞を受賞しました。賞の選考委員だった半藤さんは、授賞式の後、「おめでとうございます」と声をかけてくださいました。半藤さんは記者、編集者として、われわれの大先輩にあたります。東京新聞に入社していたかもしれないという逸話が本書の中に出てきますが、その逸話を思うと、半藤さんからの祝福は、本当に光栄であったと感じます。

いまだ収束しない原発事故を含め、この国の現状と先行きには不安が漂います。どこで間違ってしまったのか。半藤さんは「既視感」という言葉で投げかけます。あの戦争から何も学んでいないのではないか。多くの戦争犠牲者のためにも、歴史から学ぶことを「簡単にあきらめるわけにはいかない」という決心が、半藤さんを歴史の語り部へと駆り立てたように思います。

新聞の役割は、事実を正確に伝えること、さらに、その事実をどうみるか、視点と意味を提示することです。事実はみる角度、背景によって違ってみえます。事実の裏側にある背景を過去にさかのぼらなければ、真実はみえてきません。半藤さんが「歴史を知ること」の大事を繰り返し説いた理由の中に「虚実を見破る眼力が失われてしまう」という言葉もあります。記者にとって、これほど重い言葉はありません。

「真理は細部に宿る」も、半藤さんの歴史に向き合う姿勢から学んだことの一つです。新聞社的に解釈すると、世の中の一人ひとりが直面する苦しみ、生きにくさは、個人の問題にとどまらず、社会全体の問題につながっているということです。

個々の兵士の命を軽んじた戦陣訓、戦争末期に実行された特攻には、戦争遂行の巨大な矛盾が詰まっています。現代でも新型コロナの世界的流行は、社会のもろい部分を直撃し、苦しくても入院もできず、自宅に放置される。個々の命が、このような形で脅かされた事態に危機の真実があります。

新聞は同時代を生きる人びとの声を記録していきます。誰もが時代の証言者であり、半藤さん自身も昭和の戦争を体験し、長い戦後を生きた証言者です。本紙の紙面に大切な言葉をのこしてくれた半藤さんに深く感謝しつつ、本書が後世に受け継がれていくことを願っています。

東京新聞（中日新聞東京本社）編集局長　大場　司

半藤一利（はんどう・かずとし）

一九三〇年、東京・向島生まれ。東京大文学部卒業後、文藝春秋社入社。松本清張、司馬遼太郎らの担当編集者を務める。「週刊文春」「文藝春秋」編集長、専務取締役などをへて作家。「歴史探偵」を名乗り、主に近現代史に関する著作を発表。著書に『日本のいちばん長い日』、『漱石先生ぞな、もし』（正続、新田次郎文学賞）、『ノモンハンの夏』（山本七平賞）＝すべて文春文庫＝など多数。『昭和史1926―1945』『昭和史　戦後篇1945―1989』（ともに平凡社ライブラリー）で毎日出版文化賞特別賞受賞。二〇二一年一月死去。

保阪正康（ほさか・まさやす）

一九三九年、札幌市生まれ。ノンフィクション作家として、太平洋戦争を指導した将官から兵士まで四千人以上の戦争経験者を取材。「昭和史講座」を中心とする昭和史研究で菊池寛賞を受賞。『東條英機と天皇の時代』（ちくま文庫）、『あの戦争は何だったのか』（新潮新書）、『昭和の怪物　七つの謎』（講談社現代新書）など著書多数。近著は短命政権で終わった反骨のリベラリスト政治家・石橋湛山を描き「首相の格は任期の長さではない」と断じた『石橋湛山の65日』（東洋経済新報社）。

【編集協力】荘加卓嗣（中日新聞松阪支局）　小松田健一（東京新聞社会部）
高橋達郎　浅野裕作（以上東京新聞デザイン課）
【編集】山﨑奈緒美　杉本慶一（以上東京新聞出版・エンタテインメント事業部）

半藤《はんどう》一利《かずとし》　語《かた》りつくした戦争《せんそう》と平和《へいわ》

２０２１年11月30日　第1刷発行

監修者　保阪正康《ほさかまさやす》

発行者　岩岡千景
発行所　東京新聞
〒一〇〇－八五〇五　東京都千代田区内幸町
二－一－四　中日新聞東京本社
電話［編集］〇三－六九一〇－二五二一
［営業］〇三－六九一〇－二五二七
ＦＡＸ〇三－三五九五－四八三一
装丁・組版　常松靖史［ＴＵＮＥ］
印刷・製本　株式会社シナノパブリッシングプレス

ISBN978-4-8083-1067-7　C0036